한권 한달 완성
일본어 말하기 Lv. 2

최유리·시원스쿨어학연구소 지음

S 시원스쿨닷컴

한권 한달 완성
일본어 말하기 Lv. 2

초판 1쇄 발행 2024년 2월 28일
초판 2쇄 발행 2024년 5월 2일

지은이 최유리·시원스쿨어학연구소
펴낸곳 (주)에스제이더블유인터내셔널
펴낸이 양홍걸 이시원

홈페이지 japan.siwonschool.com
주소 서울시 영등포구 영신로 166 시원스쿨
교재 구입 문의 02)2014-8151
고객센터 02)6409-0878

ISBN 979-11-6150-821-4 13730
Number 1-310101-18051899-08

머리말

일본어와의 바람직한 첫만남–한권 한달 완성 일본어 말하기 시리즈

'한권 한달 완성 일본어 말하기 시리즈'는 다년간 사회 각계각층의 수강생을 대상으로 강의를 하며, 현장에서 느낀 학습자의 고충 해결과 시장의 니즈를 담아낸 일본어 입문서입니다. 일본어 강사 입장에서 가장 안타까운 것은 한국어와 닮은 점이 많아 우리에게 친숙한 일본어에 매력을 느끼지 못하고 입문 단계에서 포기해 버리는 학습자들이 많다는 것이었습니다. 이렇듯 상당수의 일본어 학습자들이 일본어 입문서의 마지막 장을 만나지 못하는 것에는 아래와 같은 두 가지의 큰 이유가 있다고 판단했습니다.

히라가나, 몰라도 된다!

먼저, 문자에 대한 부담감입니다. 많은 학습자들은 히라가나, 가타카나, 한자까지 모두 세 가지 문자를 사용하는 일본어가 그 시작부터 숨이 막힐 지경이라고 하소연합니다. 그래서 '한권 한달 완성 일본어 말하기 시리즈'는 일본어 문자와 친해지는 쿠션 시간을 만들었습니다. '히라가나조차 몰라도 일본어 문장을 말할 수 있게 하자', '말하다 보면 자연스럽게 문자와 친해지는 구조를 만들자'라는 것이 첫 번째 목표였고, 이미 수많은 학습자가 이 놀라운 효과를 경험하고 있습니다.

문법보다 말로 배운다!

그 다음, 문법만 공부하는 입문서는 더 이상 일본어 학습자들의 니즈를 충족시키지 못하고 있습니다. 문법적으로는 이해하지만, 막상 현장에서 어떻게 문장으로 만들어야 하는지 알려주지 않는 교재가 대부분입니다. 이러한 교재는 의욕을 상실하게 만들고, 결국 포기하게 만들어 버립니다. 이에 대한 해결책으로 최대한 많은 예문을 통해 문법을 자연스럽게 익히게 하는 학습서를 만드는 것이 두 번째 목표였습니다. 그러기 위해서는 대부분의 교재가 따르고 있는 일반적인 커리큘럼으로는 어렵다고 판단하였습니다. 그래서 오랜 시간 연구와 베타테스트를 통해 세상에 없던 완전히 새로운 커리큘럼을 도입하였고, 결과는 대성공이었습니다. 이제 수많은 학습자가 이 책을 통해 딱딱한 문법이 아닌, 다양한 예문을 통해 일본어를 알아가고 있습니다.

이렇듯 '한권 한달 완성 일본어 말하기 시리즈'는 일본어 입문자의 입장에서 생각하고 연구했으며, 이를 통해 더 많은 일본어 입문자가 일본어에 재미를 느끼기를 기대합니다.

지금 손에 들고 계신 '한권 한달 완성 일본어 말하기 시리즈'로 세상에서 가장 쉬운 일본어를 경험해 보세요. 저, 최유리와 시원스쿨 일본어가 함께 응원하겠습니다.

2024년
저자 최유리

목차

미리보기

오늘 배울 학습 목표와 학습 내용을 제시하고 본문에 등장하는
단어를 미리 살펴볼 수 있도록 정리하였습니다.

살펴보기

본문에서 사용하는 주요 문장 패턴을 예문과 함께 직관적이고
간단 명료하게 제시해 놓았습니다. 또한 패턴을 도식화하여 한
눈에 알아보기 쉽게 정리해 놓았습니다.

연습하기

핵심 문장구조를 통해 학습한 문장 패턴을 한국어/일본어 - 한
국어 해석 - 일본어 번역의 3단계로 나누어 말하는 연습을 할
수 있도록 구성하였습니다.

응용하기

본문에서 학습한 핵심 패턴에 문장을 꾸며주는 수식어, 접속사,
부사 등을 더한 응용표현을 활용하여 더 풍부한 문장을 연습해
볼 수 있도록 구성하였습니다.

말해보기

본문에서 학습한 주요 패턴이 사용된 회화문으로, 일본여행에서 겪을 수 있는 상황을 짤막한 회화로 구성하였습니다.

오모시로이 니홍고

오모시로이 니홍고에서는 우리말과 발음이 비슷해서 외우기 쉬운 한자어를 알려 줍니다. 또한 일본어에 더욱 흥미를 느낄 수 있도록 재미있는 일본의 전통문화 이야기도 담았습니다.

실력 업그레이드

지난 강에서 공부한 문장의 기본 구조를 최종적으로 점검하고, 추가로 제공하는 단어를 활용하여 문장에 응용해 볼 수 있도록 5강마다 구성하였습니다.

· 원어민 MP3 음원
· 핵심 스피드 체크 PDF
· 동사&형용사 활용표 PDF
· 단어 셀프 체크 테스트 PDF

특별 부록

녹음 MP3 파일과 추가 학습 자료 PDF 파일은 시원스쿨 일본어 홈페이지(japan.siwonschool.com)의 학습지원센터>공부 자료실>도서명 검색한 후 무료로 다운로드 가능합니다.

■ 4주 스피드 플랜

	월	화	수	목	금	토	일
1주차	PART 01 (p.13~20)	PART 02 (p.21~28)	PART 03 (p.29~36)	PART 04, PART 05 (p.37~52)	PART 06, PART 07 (p.57~72)	PART 08 (p.73~80)	휴식 or 복습
2주차	PART 09 (p.81~88)	PART 10 (p.89~96)	PART 11, PART 12 (p.101~116)	중간 복습	PART 13 (p.117~124)	PART 14 (p.125~132)	휴식 or 복습
3주차	PART 15, PART 16 (p.133~152)	PART 17, PART 18 (p.153~168)	PART 19, PART 20 (p.169~184)	중간 복습	PART 21 (p.189~196)	PART 22, PART 23 (p.197~212)	휴식 or 복습
4주차	PART 24, PART 25 (p.213~228)	PART 26, PART 27 (p.233~248)	중간 복습	PART 28, PART 29 (p.249~264)	PART 30 (p.265~272)	총 복습	휴식

▪ 8주 탄탄 플랜

	월	화	수	목	금	토 | 일
1주차	PART 01 (p.13~20)	PART 02 (p.21~28)	PART 03 (p.29~36)	중간 복습	PART 04 (p.37~44)	휴식 or 복습
2주차	PART 05 (p.45~52)	PART 06 (p.57~64)	중간 복습	PART 07 (p.65~72)	PART 08 (p.73~80)	휴식 or 복습
3주차	PART 09 (p.81~88)	중간 복습	PART 10 (p.89~96)	PART 11 (p.101~108)	PART 12 (p.109~116)	휴식 or 복습
4주차	중간 복습	PART 13 (p.117~124)	PART 14 (p.125~132)	중간 복습	PART 15 (p.133~140)	휴식 or 복습
5주차	PART 16 (p.145~152)	PART 17 (p.153~160)	PART 18 (p.161~168)	PART 19 (p.169~176)	중간 복습	휴식 or 복습
6주차	PART 20 (p.177~184)	PART 21 (p.189~196)	중간 복습	PART 22 (p.197~204)	PART 23 (p.205~212)	휴식 or 복습
7주차	PART 24 (p.213~220)	PART 25 (p.221~228)	중간 복습	PART 26 (p.233~240)	PART 27 (p.241~248)	휴식 or 복습
8주차	PART 28 (p.249~256)	PART 29 (p.257~264)	중간 복습	PART 30 (p.265~272)	총 복습	휴식

14기 한*규 수강생

빠르고 편리한 복습!
철저한 복습 체계로 완벽 점검 가능!

문법과 단어가 쌓여가는 구성!
저절로 단어와 문법이 암기되는 효과!

22기 김*진 수강생

7기 한*훈 수강생

일본어 스피킹의 올바른 접근!
가장 단순한 문형과 단어들을 반복해서 발음을 익히는
쉽지만 효율적인 학습 방법입니다!

매일 꾸준히 따라하기만 해도 실력이 금방 느는 것을
몸으로 느낄 수 있어 배우는 맛이 있어요!

21기 배*희 수강생

18기 이*미 수강생

분명 이제 왕초보 시작인데 일본 영화를 볼 때 슬슬
일본어가 들리기 시작해요! 생각보다 빠른 변화에
일본어 공부가 더 재미있습니다!

따라만 해도 일본어 말문이 트이는 비법! 지금부터 공부해 봅시다!

PART 01

かんたんに なります

간단하게 됩니다

💡 **학습 목표**

'~하게'와 같이 형용사를 부사로 만들 수 있다.

💡 **학습 포인트**

☑ な형용사 + 하게 = な형용사 + に

☑ い형용사 + 게 = い형용사(い) + く

💡 **미리보기** 🎧 MP3 01-01

かんたんです(簡単です) 간단합니다 | なります 됩니다 | べんりです(便利です) 편리합니다

ゆうめいです(有名です) 유명합니다 | ひつようです(必要です) 필요합니다 | たかいです(高いです) 비쌉니다

かいます(買います) 삽니다 | やすいです(安いです) 쌉니다 | さむいです(寒いです) 춥습니다

かんじます(感じます) 느낍니다 | あついです(暑いです) 덥습니다 | とおいです(遠いです) 멉니다

ちかいです(近いです) 가깝습니다 | まえ(前) 이전 | ~より ~보다 | プサン 부산

01 | な형용사의 부사형

な형용사 + 하게 = **な**형용사 + **に**

> 🛪 'な형용사です(な형용사합니다)'에서 'です'를 지우고 'に'를 붙이면 'な형용사하게'라는 부사가
> 됩니다. な형용사의 부사형은 '동사합니다'를 수식할 수 있습니다. 예를 들면 '됩니다'라는 뜻의
> 'なります'를 연결하면 'な형용사하게 됩니다'라는 표현이 됩니다.

간단하게 됩니다. = **かんたんに** なります。
- -
편리하게 됩니다. = **べんりに** なります。
- -
유명하게 됩니다. = **ゆうめいに** なります。
- -
필요하게 됩니다. = **ひつように** なります。
- -

02 | い형용사의 부사형

い형용사 + 게 = い형용사(い) + く

✈ い형용사의 'い'를 지우고 'く'를 붙이면 'い형용사하게'라는 부사가 됩니다. い형용사의 부사형도 '동사합니다'를 수식할 수 있습니다. 예를 들면 '삽니다'라는 뜻의 'かいます'를 연결하면 'い형용사하게 삽니다', '느낍니다'라는 뜻의 'かんじます'를 연결하면 'い형용사하게 느낍니다'라는 표현이 됩니다.

비싸게 삽니다. = たかく かいます。

싸게 삽니다. = やすく かいます。

춥게 느낍니다. = さむく かんじます。

덥게 느낍니다. = あつく かんじます。

문장 구조를 반복해서 연습해 보자.

❶ 간단하게 됩니다.　　　　　　　　かんたんに なります。

❷ 편리하게 됩니다.　　　　　　　　べんりに なります。

❸ 유명하게 됩니다.　　　　　　　　ゆうめいに なります。

❹ 필요하게 됩니다.　　　　　　　　ひつように なります。

❺ 비싸게 삽니다.　　　　　　　　　たかく かいます。

❻ 싸게 삽니다.　　　　　　　　　　やすく かいます。

❼ 춥게 느낍니다.　　　　　　　　　さむく かんじます。

❽ 덥게 느낍니다.　　　　　　　　　あつく かんじます。

❾ 멀게 느낍니다.　　　　　　　　　とおく かんじます。

❿ 가깝게 느낍니다.　　　　　　　　ちかく かんじます。

문장 구조를 1초 만에 해석해 보자.

❶ かんたんに なります。
....

❷ べんりに なります。
....

❸ ゆうめいに なります。
....

❹ ひつように なります。
....

❺ たかく かいます。
....

❻ やすく かいます。
....

❼ さむく かんじます。
....

❽ あつく かんじます。
....

❾ とおく かんじます。
....

❿ ちかく かんじます。
....

문장 구조를 1초 만에 일본어로 말해 보자.

❶ 간단하게 됩니다.
....

❷ 편리하게 됩니다.
....

❸ 유명하게 됩니다.
....

❹ 필요하게 됩니다.
....

❺ 비싸게 삽니다.
....

❻ 싸게 삽니다.
....

❼ 춥게 느낍니다.
....

❽ 덥게 느낍니다.
....

❾ 멀게 느낍니다.
....

❿ 가깝게 느낍니다.
....

응용표현

명사 + 보다 + **な형용사**하게/**い형용사**게 동사합니다
= 명사 + **より** + **な형용사に**/**い형용사(い)く** 동사**ます**

* '~より'는 '~보다'라는 뜻으로 대상이 되는 명사 뒤에 붙어 비교를 나타내는 조사입니다.

✽ 문장을 확장해 보자.

❶ 이전보다 간단하게 됩니다.　　　　　　**まえより かんたんに なります。**

❷ 이전보다 편리하게 됩니다.　　　　　　**まえより べんりに なります。**

❸ 이전보다 유명하게 됩니다.　　　　　　**まえより ゆうめいに なります。**

❹ 이전보다 필요하게 됩니다.　　　　　　**まえより ひつように なります。**

❺ 부산보다 비싸게 삽니다.　　　　　　　**プサンより たかく かいます。**

❻ 부산보다 싸게 삽니다.　　　　　　　　**プサンより やすく かいます。**

❼ 부산보다 멀게 느낍니다.　　　　　　　**プサンより とおく かんじます。**

❽ 부산보다 가깝게 느낍니다.　　　　　　**プサンより ちかく かんじます。**

문장 구조를 1초 만에 해석해 보자.

❶ まえより かんたんに なります。

❺ プサンより たかく かいます。

❷ まえより べんりに なります。

❻ プサンより やすく かいます。

❸ まえより ゆうめいに なります。

❼ プサンより とおく かんじます。

❹ まえより ひつように なります。

❽ プサンより ちかく かんじます。

문장 구조를 1초 만에 일본어로 말해 보자.

❶ 이전보다 간단하게 됩니다.

❺ 부산보다 비싸게 삽니다.

❷ 이전보다 편리하게 됩니다.

❻ 부산보다 싸게 삽니다.

❸ 이전보다 유명하게 됩니다.

❼ 부산보다 멀게 느낍니다.

❹ 이전보다 필요하게 됩니다.

❽ 부산보다 가깝게 느낍니다.

게스트하우스 거실에서 린과 대화를 나누고 있다. 🎧 MP3 01-02

린 きょうは どこに いきますか？

오늘은 어디에 갑니까?

나 いちばん ゆうめいな ラーメンやに いきます。

가장 유명한 라면 가게에 갈 겁니다.

린 わたしも いっしょに いきます。

저도 같이 가겠습니다.

나 じゃ、はやく いきましょう。

그럼, 빨리 갑시다.

플러스 단어

きょう(今日) 오늘 | **いちばん(一番)** 가장 | **いっしょに(一緒に)** 같이 | **~ましょう** ~합시다

오모시로이 니홍고

고속

고속은 한자로 高速(높을 고, 빠를 속)이라고 쓰며, 일본어로는 'こうそく'라고 발음합니다. こう라고 길게 장음으로 읽는 것에 유의하세요.

PART 02

たべる

먹다

💡 **학습 목표**

지금까지 배운 동사의 원형을 살펴보고 동사의 종류를 구분할 수 있다.

💡 **학습 포인트**

☑ 일본어의 동사
☑ 동사의 그룹

💡 **미리보기** 🎧 MP3 02-01

たべる(食べる) 먹다 | かう(買う) 사다 | する 하다 | くる(来る) 오다 | みる(見る) 보다 | おきる(起きる) 일어나다

ねる(寝る) 자다 | つくる(作る) 만들다 | たつ(立つ) 일어서다 | はなす(話す) 이야기하다 | あるく(歩く) 걷다

およぐ(泳ぐ) 헤엄치다 | しぬ(死ぬ) 죽다 | ならぶ(並ぶ) 줄 서다 | のむ(飲む) 마시다 | しる(知る) 알다

かえる(帰る) 돌아가다 | はいる(入る) 들어가다 | しゃべる 수다 떨다 | にぎる(握る) 쥐다 | はしる(走る) 달리다

きる(切る) 자르다 | いる(要る) 필요하다

01 일본어의 동사

원형(먹다) – **ます**형(먹습니다) = **たべる** – **たべ**ます

동사란 움직임을 나타내는 말입니다. 일본어의 동사는 말 끝이 우리말 모음 'ㅜ'에 해당하는 う단, 즉 'う, つ, る, す, く, ぐ, ぬ, ぶ, む'로 끝납니다. 동사의 원형은 '~하다'는 뜻으로 반말을 나타내고, 먼저 배웠던 **ます**형은 '~합니다'라는 뜻으로 존댓말을 나타냅니다.

먹다 – 먹습니다 = **たべる** – **たべ**ます

사다 – 삽니다 = **かう** – **かい**ます

02 동사의 그룹

1그룹, 2그룹, 3그룹

일본어의 동사는 1그룹, 2그룹, 3그룹으로 총 3개의 그룹으로 구분합니다. 구분 방법에 따라 동사의 활용이 결정되기 때문에 반드시 숙지해야 합니다.

3그룹 단 2개뿐이기 때문에 반드시 암기하도록 합시다.

하다 = **する**　　　　　　　　　오다 = **くる**

`2그룹` 말 끝이 무조건 る로 끝나고, る 앞이 い단 또는 え단인 형태를 가지고 있습니다.

보다 = み**る**　　　　　　　　　먹다 = たべ**る**

일어나다 = お**き**る　　　　　　자다 = ね**る**

`1그룹` 2,3그룹을 제외한 모든 동사입니다. 말 끝이 る로 끝나지 않거나 る로 끝나더라도 る 앞이 い단 또는 え단이 아닌 형태를 가지고 있습니다.

사다 = か**う**　　　　　　　　　만들다 = つく**る**

일어서다 = た**つ**　　　　　　　이야기하다 = はな**す**

걷다 = ある**く**　　　　　　　　헤엄치다 = およ**ぐ**

죽다 = し**ぬ**　　　　　　　　　줄 서다 = なら**ぶ**

마시다 = の**む**

❀ 동사의 그룹을 구분하는 것을 반복해서 연습해 보자.

❶ 사다 　　　　　　　　　かう 　　　　1그룹

❷ 만들다 　　　　　　　　つくる 　　　1그룹

❸ 이야기하다 　　　　　　はなす 　　　1그룹

❹ 걷다 　　　　　　　　　あるく 　　　1그룹

❺ 죽다 　　　　　　　　　しぬ 　　　　1그룹

❻ 줄 서다 　　　　　　　ならぶ 　　　1그룹

❼ 일어나다 　　　　　　おきる 　　　2그룹

❽ 먹다 　　　　　　　　たべる 　　　2그룹

❾ 하다 　　　　　　　　する 　　　　3그룹

❿ 오다 　　　　　　　　くる 　　　　3그룹

동사의 뜻을 1초 만에 말해 보자.

① かう

⑥ ならぶ

② つくる

⑦ おきる

③ はなす

⑧ たべる

④ あるく

⑨ する

⑤ しぬ

⑩ くる

동사를 1초 만에 일본어로 말해 보자.

① 사다

⑥ 줄 서다

② 만들다

⑦ 일어나다

③ 이야기하다

⑧ 먹다

④ 걷다

⑨ 하다

⑤ 죽다

⑩ 오다

응용표현

예외 1그룹 동사 = しる 알다, か**える** 돌아가다, は**いる** 들어가다,

しゃ**べる** 수다 떨다, に**ぎる** 쥐다, は**しる** 달리다 등

* 말 끝이 る로 끝나고, る 앞이 い단 또는 え단인 2그룹과 형태가 같지만 1그룹에 속하는 동사입니다.

예외 1그룹 동사를 연습해 보자.

❶ 알다　　　　　　しる　　　　　　1그룹

❷ 돌아가다　　　　かえる　　　　　1그룹

❸ 들어가다　　　　はいる　　　　　1그룹

❹ 수다 떨다　　　　しゃべる　　　　1그룹

❺ 쥐다　　　　　　にぎる　　　　　1그룹

❻ 달리다　　　　　はしる　　　　　1그룹

❼ 자르다　　　　　きる　　　　　　1그룹

❽ 필요하다　　　　いる　　　　　　1그룹

예외 1그룹 동사의 **뜻**을 1초 만에 말해 보자.

❶ しる

❺ にぎる

❷ かえる

❻ はしる

❸ はいる

❼ きる

❹ しゃべる

❽ いる

예외 1그룹 동사를 1초 만에 일본어로 말해 보자.

❶ 알다

❺ 쥐다

❷ 돌아가다

❻ 달리다

❸ 들어가다

❼ 자르다

❹ 수다 떨다

❽ 필요하다

린과 카페에 와서 주문을 하고 있다. 🎧 MP3 02-02

린　なに のむ？

　　뭐 마실래?

나　アイスコーヒー。リンは？

　　아이스 커피. 린은?

린　わたしも。

　　나도.

나　じゃ、ふたつ かうね。

　　그럼, 두 개 살게.

플러스 단어

アイスコーヒー 아이스 커피 ┃ **~も** ~도 ┃ **ふたつ** 두 개

오모시로이 니홍고

도로

도로는 한자로 道路(길 도, 길 로)라고 쓰며, 일본어로는 'どうろ'라고 발음합니다. どう라고 길게 장음으로 읽는 것에 유의하세요.

PART 03

たべます

먹습니다

💡 **학습 목표**

동사의 원형에서 정중 표현인 **ます**형을 만들 수 있다.

💡 **학습 포인트**

☑ 3그룹 동사의 **ます**형

☑ 2그룹 동사의 **ます**형

☑ 1그룹 동사의 **ます**형

💡 **미리보기** 🎧 MP3 03-01

たべる(食べる) 먹다 | する 하다 | くる(来る) 오다 | みる(見る) 보다 | おきる(起きる) 일어나다 | ねる(寝る) 자다

かう(買う) 사다 | つくる(作る) 만들다 | あう(会う) 만나다 | すわる(座る) 앉다 | よむ(読む) 읽다

あるく(歩く) 걷다 | しる(知る) 알다 | はいる(入る) 들어가다 | にぎる(握る) 쥐다 | かえる(帰る) 돌아가다

しゃべる 수다 떨다 | はしる(走る) 달리다 | きる(切る) 자르다 | いる(要る) 필요하다

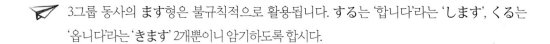
01 | 3그룹 동사의 ます형

> します, きます

✈ 3그룹 동사의 ます형은 불규칙적으로 활용됩니다. する는 '합니다'라는 'します', くる는 '옵니다'라는 'きます' 2개뿐이니 암기하도록 합시다.

하다 ⇒ 합니다 = **する** ⇒ します   오다 ⇒ 옵니다 = **くる** ⇒ きます

02 | 2그룹 동사의 ます형

> **る** + ます

✈ 2그룹 동사의 ます형은 말 끝의 る를 떼고 ます를 붙여서 '동사합니다'라는 정중 표현이 됩니다.

보다 ⇒ 봅니다 = **みる** ⇒ みます

일어나다 ⇒ 일어납니다 = **おきる** ⇒ おきます

먹다 ⇒ 먹습니다 = **たべる** ⇒ たべます

자다 ⇒ 잡니다 = **ねる** ⇒ ねます

う단 → い단 + ます

1그룹 동사의 ます형은 마지막 글자 う단을 い단으로 바꾸고 ます를 붙여서 '동사합니다'라는 정중 표현이 됩니다.

사다 ⇒ 삽니다 = かう ⇒ かいます
....

만들다 ⇒ 만듭니다 = つくる ⇒ つくります
....

만나다 ⇒ 만납니다 = あう ⇒ あいます
....

앉다 ⇒ 앉습니다 = すわる ⇒ すわります
....

읽다 ⇒ 읽습니다 = よむ ⇒ よみます
....

걷다 ⇒ 걷습니다 = あるく ⇒ あるきます
....

동사의 원형과 **ます**형을 반복해서 연습해 보자.

❶ 마시다   のむ   마십니다   のみます

❷ 보다   みる   봅니다   みます

❸ 일어나다   おきる   일어납니다   おきます

❹ 먹다   たべる   먹습니다   たべます

❺ 자다   ねる   잡니다   ねます

❻ 하다   する   합니다   します

❼ 오다   くる   옵니다   きます

❽ 사다   かう   삽니다   かいます

❾ 기다리다   まつ   기다립니다   まちます

❿ 앉다   すわる   앉습니다   すわります

동사의 뜻을 1초 만에 말해 보자.

❶ のみます

❷ みます

❸ おきます

❹ たべます

❺ ねます

❻ します

❼ きます

❽ かいます

❾ まちます

❿ すわります

동사를 1초 만에 일본어로 말해 보자.

❶ 마십니다

❷ 봅니다

❸ 일어납니다

❹ 먹습니다

❺ 잡니다

❻ 합니다

❼ 옵니다

❽ 삽니다

❾ 기다립니다

❿ 앉습니다

응용표현

예외 1그룹 동사의 ます형 = う단 → い단 + ます

* 예외 1그룹 동사의 ます형은 마지막 글자 う단을 い단으로 바꾸고 ます를 붙입니다.

예외 1그룹 동사의 ます형을 연습해 보자.

❶ 알다   しる   압니다   しります

❷ 들어가다   はいる   들어갑니다   はいります

❸ 쥐다   にぎる   쥡니다   にぎります

❹ 돌아가다   かえる   돌아갑니다   かえります

❺ 수다 떨다   しゃべる   수다 떱니다   しゃべります

❻ 달리다   はしる   달립니다   はしります

❼ 자르다   きる   자릅니다   きります

❽ 필요하다   いる   필요합니다   いります

예외 1그룹 동사의 **뜻**을 **1초 만에** 말해 보자.

❶ しります

❺ しゃべります

❷ はいります

❻ はしります

❸ にぎります

❼ きります

❹ かえります

❽ いります

예외 1그룹 동사를 **1초 만에** 일본어로 말해 보자.

❶ 압니다

❺ 수다 떱니다

❷ 들어갑니다

❻ 달립니다

❸ 쥡니다

❼ 자릅니다

❹ 돌아갑니다

❽ 필요합니다

게스트하우스에 도착해서 체크인을 하고 있다. 🎧 MP3 03-02

직원 ひとりですか？

한 명이십니까?

나 はい、ひとりです。

네, 한 명입니다.

직원 ちょうしょくはたべますか？

조식은 드시겠습니까?

나 いいえ、たべません。

아니요, 먹지 않겠습니다.

플러스 단어

ひとり(一人) 한 명 | **ちょうしょく(朝食)** 조식

오모시로이 니홍고

무리

무리는 한자로 無理(없을 무, 다스릴 리)라고 쓰며, 일본어로는 'むり'라고 발음합니다. 우리말과 발음이 같으므로 쉽게 암기할 수 있겠죠?

PART 04

まつことが できます

기다리는 것이 가능합니다

💡 **학습 목표**

동사를 명사화해서 가능 표현, 불가능 표현을 말할 수 있다.

💡 **학습 포인트**

☑ 동사 + 하는 것 = 동사원형 + **こと**

☑ 동사 + 하는 것이 가능합니다 = 동사원형 + **ことが できます**

동사 + 하는 것이 가능하지 않습니다 = 동사원형 + **ことが できません**

💡 **미리보기** 🎧 MP3 04-01

まつ(待つ) 기다리다 | かう(買う) 사다 | つくる(作る) 만들다 | はなす(話す) 이야기하다 | あるく(歩く) 걷다

およぐ(泳ぐ) 헤엄치다 | ならぶ(並ぶ) 줄 서다 | しる(知る) 알다 | たべる(食べる) 먹다 | おきる(起きる) 일어나다

のむ(飲む) 마시다 | かえる(帰る) 돌아가다

01 동사의 명사화

동사 + 하는 것 = 동사원형 + こと

✈ 동사원형에 '것, 일'이란 뜻의 'こと'를 연결하면 '동사하는 것'이라는 명사가 됩니다. 동사원형을 그대로 명사에 접속하면 '동사하는'으로 명사를 수식할 수 있습니다.

사는 것 = **かうこと**

기다리는 것 = **まつこと**

만드는 것 = **つくること**

이야기하는 것 = **はなすこと**

02 | 동사의 가능 표현

동사 + 하는 것이 가능합니다 = 동사원형 + ことが できます

동사 + 하는 것이 가능하지 않습니다 = 동사원형 + ことが できません

동사원형에 '~하는 것이 가능합니다'란 뜻의 'ことが できます'를 연결하면 '동사하는 것이 가능합니다'라는 동작의 가능 표현이 됩니다. '동사하는 것이 가능하지 않습니다'라고 동작의 불가능을 표현할 땐 'できます' 대신 'できません'이라고 하면 됩니다.

사는 것이 가능합니다. = かうことが できます。

기다리는 것이 가능합니다. = まつことが できます。

만드는 것이 가능하지 않습니다. = つくることが できません。

이야기하는 것이 가능하지 않습니다. = はなすことが できません。

연습하기 👄

문장 구조를 **반복**해서 **연습**해 보자.

❶ 걷는 것이 가능합니다.　　　　　　　**あるくことが できます。**

❷ 헤엄치는 것이 가능합니다.　　　　　**およぐことが できます。**

❸ 줄 서는 것이 가능합니다.　　　　　　**ならぶことが できます。**

❹ 아는 것이 가능합니다.　　　　　　　**しることが できます。**

❺ 먹는 것이 가능합니다.　　　　　　　**たべることが できます。**

❻ 사는 것이 가능하지 않습니다.　　　　**かうことが できません。**

❼ 일어나는 것이 가능하지 않습니다.　　**おきることが できません。**

❽ 만드는 것이 가능하지 않습니다.　　　**つくることが できません。**

❾ 마시는 것이 가능하지 않습니다.　　　**のむことが できません。**

❿ 돌아가는 것이 가능하지 않습니다.　　**かえることが できません。**

문장 구조를 1초 만에 해석해 보자.

❶ あるくことが できます。

....

❷ およぐことが できます。

....

❸ ならぶことが できます。

....

❹ しることが できます。

....

❺ たべることが できます。

....

❻ かうことが できません。

....

❼ おきることが できません。

....

❽ つくることが できません。

....

❾ のむことが できません。

....

❿ かえることが できません。

....

문장 구조를 1초 만에 일본어로 말해 보자.

❶ 걷는 것이 가능합니다.

....

❷ 헤엄치는 것이 가능합니다.

....

❸ 줄 서는 것이 가능합니다.

....

❹ 아는 것이 가능합니다.

....

❺ 먹는 것이 가능합니다.

....

❻ 사는 것이 가능하지 않습니다.

....

❼ 일어나는 것이 가능하지 않습니다.

....

❽ 만드는 것이 가능하지 않습니다.

....

❾ 마시는 것이 가능하지 않습니다.

....

❿ 돌아가는 것이 가능하지 않습니다.

....

응용표현

혼자서 + 동사하는 것이 가능합니다/가능하지 않습니다
= ひとりで + 동사원형**ことが できます/できません**

* '혼자서'란 뜻의 'ひとりで'를 연결하여 동작의 가능 표현을 만들 수 있습니다.

❀ **문장을 확장해 보자.**

❶ 혼자서 걷는 것이 가능합니다.   **ひとりで あるくことが できます。**

❷ 혼자서 헤엄치는 것이 가능합니다.   **ひとりで およぐことが できます。**

❸ 혼자서 줄 서는 것이 가능합니다.   **ひとりで ならぶことが できます。**

❹ 혼자서 아는 것이 가능합니다.   **ひとりで しることが できます。**

❺ 혼자서 먹는 것이 가능하지 않습니다.   **ひとりで たべることが できません。**

❻ 혼자서 사는 것이 가능하지 않습니다.   **ひとりで かうことが できません。**

❼ 혼자서 일어나는 것이 가능하지 않습니다.   **ひとりで おきることが できません。**

❽ 혼자서 돌아가는 것이 가능하지 않습니다.   **ひとりで かえることが できません。**

문장 구조를 **1초** 만에 해석해 보자.

❶ ひとりで あるくことが できます。

❷ ひとりで およぐことが できます。

❸ ひとりで ならぶことが できます。

❹ ひとりで しることが できます。

❺ ひとりで たべることが できません。

❻ ひとりで かうことが できません。

❼ ひとりで おきることが できません。

❽ ひとりで かえることが できません。

문장 구조를 **1초** 만에 일본어로 말해 보자.

❶ 혼자서 걷는 것이 가능합니다.

❷ 혼자서 헤엄치는 것이 가능합니다.

❸ 혼자서 줄 서는 것이 가능합니다.

❹ 혼자서 아는 것이 가능합니다.

❺ 혼자서 먹는 것이 가능하지 않습니다.

❻ 혼자서 사는 것이 가능하지 않습니다.

❼ 혼자서 일어나는 것이 가능하지 않습니다.

❽ 혼자서 돌아가는 것이 가능하지 않습니다.

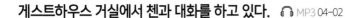

말해보기

게스트하우스 거실에서 첸과 대화를 하고 있다. 🎧 MP3 04-02

첸 ひとりで きましたか？

혼자서 왔습니까?

나 いいえ、ともだちと ふたりで きました。チェンさんは？

아니요, 친구랑 둘이서 왔습니다. 첸 씨는요?

첸 わたしもです！ともだちも いっしょに
はなすことが できますか？

저도입니다! 친구도 같이 이야기하는 것이 가능합니까？

나 はい、できます。

네, 가능합니다.

플러스 단어

ひとり(一人)한 명 ｜ **ともだち(友達)**친구 ｜ **ふたり(二人)**두 명

오모시로이 니홍고

유료

유료는 한자로 有料(있을 유, 재료 료)라고 쓰며, 일본어로는 'ゆうりょう'라고 발음합니다. ゆう와
りょう라고 길게 장음으로 읽는 것에 유의하세요

44 | 한권 한달 완성 일본어 말하기 Lv.2

PART 05

ならぶ つもりです

줄 설 생각입니다

💡 학습 목표

동사의 원형을 사용해서 미래의 계획이나 생각 표현을 말할 수 있다.

💡 학습 포인트

☑ 동사 + 할 생각입니다 = 동사원형 + **つもりです**

☑ 동사 + 할 생각입니까? = 동사원형 + **つもりですか？**

💡 미리보기 🎧 MP3 05-01

ならぶ(並ぶ)줄 서다 | かう(買う)사다 | まつ(待つ)기다리다 | つくる(作る)만들다 | はなす(話す)이야기하다

あるく(歩く)걷다 | およぐ(泳ぐ)헤엄치다 | たべる(食べる)먹다 | のむ(飲む)마시다 | みる(見る)보다

ねる(寝る)자다 | する 하다 | くる(来る)오다

01 동사의 계획 표현

동사 + 할 생각입니다 = 동사원형 + つもりです

✈ 동사원형에 '생각입니다, 작정입니다'란 뜻의 'つもりです'를 연결하면 '동사할 생각입니다'라는 계획을 나타내는 표현이 됩니다. 동사원형은 현재형뿐만 아니라 미래형의 의미도 가지고 있기 때문에 '동사할'이라고 명사를 수식할 수 있습니다.

살 생각입니다. = **かう** つもりです。

기다릴 생각입니다. = **まつ** つもりです。

만들 생각입니다. = **つくる** つもりです。

이야기할 생각입니다. = **はなす** つもりです。

동사 + 할 생각입니까? = 동사원형 + つもりですか?

'동사원형+つもりです'의 말 끝에 'か'를 붙이면 '동사할 생각입니까?'하고 동사의 계획을 묻는 의문문이 됩니다.

걸을 생각입니까? = **あるく** つもりですか?

헤엄칠 생각입니까? = **およぐ** つもりですか?

줄 설 생각입니까? = **ならぶ** つもりですか?

먹을 생각입니까? = **たべる** つもりですか?

문장 구조를 반복해서 **연습**해 보자.

❶ 살 생각입니다.   かう つもりです。

❷ 기다릴 생각입니다.   まつ つもりです。

❸ 만들 생각입니다.   つくる つもりです。

❹ 이야기할 생각입니다.   はなす つもりです。

❺ 걸을 생각입니다.   あるく つもりです。

❻ 헤엄칠 생각입니까?   およぐ つもりですか?

❼ 줄 설 생각입니까?   ならぶ つもりですか?

❽ 마실 생각입니까?   のむ つもりですか?

❾ 먹을 생각입니까?   たべる つもりですか?

❿ 볼 생각입니까?   みる つもりですか?

문장 구조를 1초 만에 해석해 보자.

❶ かう つもりです。

❷ まつ つもりです。

❸ つくる つもりです。

❹ はなす つもりです。

❺ あるく つもりです。

❻ およぐ つもりですか?

❼ ならぶ つもりですか?

❽ のむ つもりですか?

❾ たべる つもりですか?

❿ みる つもりですか?

문장 구조를 1초 만에 일본어로 말해 보자.

❶ 살 생각입니다.

❷ 기다릴 생각입니다.

❸ 만들 생각입니다.

❹ 이야기할 생각입니다.

❺ 걸을 생각입니다.

❻ 헤엄칠 생각입니까?

❼ 줄 설 생각입니까?

❽ 마실 생각입니까?

❾ 먹을 생각입니까?

❿ 볼 생각입니까?

응용표현

언제부터 + 동사할 생각입니까?

= いつから + 동사원형 **つもりですか?**

* '언제'란 뜻의 'いつ'와 '~부터'라는 뜻의 'から'가 합쳐진 'いつから'를 연결하여 계획을 물을 수 있습니다.

❁ 문장을 확장해 보자.

❶ 언제부터 걸을 생각입니까?　　　　　　　**いつから あるく つもりですか?**

❷ 언제부터 헤엄칠 생각입니까?　　　　　　**いつから およぐ つもりですか?**

❸ 언제부터 줄 설 생각입니까?　　　　　　　**いつから ならぶ つもりですか?**

❹ 언제부터 마실 생각입니까?　　　　　　　**いつから のむ つもりですか?**

❺ 언제부터 먹을 생각입니까?　　　　　　　**いつから たべる つもりですか?**

❻ 언제부터 잘 생각입니까?　　　　　　　　**いつから ねる つもりですか?**

❼ 언제부터 할 생각입니까?　　　　　　　　**いつから する つもりですか?**

❽ 언제부터 올 생각입니까?　　　　　　　　**いつから くる つもりですか?**

문장 구조를 1초 만에 해석해 보자.

❶ いつから あるく つもりですか?

❷ いつから およぐ つもりですか?

❸ いつから ならぶ つもりですか?

❹ いつから のむ つもりですか?

❺ いつから たべる つもりですか?

❻ いつから ねる つもりですか?

❼ いつから する つもりですか?

❽ いつから くる つもりですか?

문장 구조를 1초 만에 일본어로 말해 보자.

❶ 언제부터 걸을 생각입니까?

❷ 언제부터 헤엄칠 생각입니까?

❸ 언제부터 줄 설 생각입니까?

❹ 언제부터 마실 생각입니까?

❺ 언제부터 먹을 생각입니까?

❻ 언제부터 잘 생각입니까?

❼ 언제부터 할 생각입니까?

❽ 언제부터 올 생각입니까?

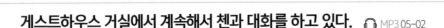

말해보기

게스트하우스 거실에서 계속해서 첸과 대화를 하고 있다. 🎧 MP3 05-02

첸 あしたは どこに いく つもりですか？

내일은 어디에 갈 생각입니까?

나 よこはまに いく つもりです。 チェンさんは？

요코하마에 갈 생각입니다. 첸 씨는요?

첸 まだ わかりません。 　 아직 모르겠습니다.

나 わたしと いっしょに よこはまに

いきませんか？ 저랑 같이 요코하마에 가지 않겠습니까？

첸 ほんとうですか？ いきます。

정말입니까? 가겠습니다.

플러스 단어

あした(明日) 내일　|　**よこはま(横浜)** 요코하마　|　**ほんとう(本当)** 정말, 진짜

오모시로이 니홍고

기모노

기모노는 통으로 된 긴 비단을 여며 입고 '오비'라고 하는 넓은 허리띠를 휘감아 묶는 방식의
일본의 전통 의복입니다. 여기에 '다비'라고 하는 버선에 샌들인 '조리'를 신습니다. 현대에는
주로 성인식이나 결혼식 등의 공식 행사에서 입는데, 간소화된 버전의 '유카타'는 여름 축제
때 자주 입습니다.

실력업그레이드1

✏️ PART 01에서 PART 05까지 배웠던 문형을 복습해 봅시다.

PART 01 かんたんに なります

- な형용사 + 하게 = な형용사 + に
- い형용사 + 게 = い형용사(い) + く

PART 02 たべる

- 일본어의 동사
- 동사의 그룹

PART 03 たべます

- 3그룹 동사의 **ます**형
- 2그룹 동사의 **ます**형
- 1그룹 동사의 **ます**형

PART 04 まつことが できます

- 동사 + 하는 것 = 동사원형 + **こと**
- 동사 + 하는 것이 가능합니다 = 동사원형 + **ことが できます**

  동사 + 하는 것이 가능하지 않습니다 = 동사원형 + **ことが できません**

PART 05 ならぶ つもりです

- 동사 + 할 생각입니다 = 동사원형 + **つもりです**
- 동사 + 할 생각입니까? = 동사원형 + **つもりですか?**

앞에서 배웠던 문형에 추가 단어들을 적용해 연습해 봅시다.

읽는 법	한자	품사	뜻
まじめです	真面目です	な형용사	성실합니다
はたらく	働く	동사	일하다
ふしぎです	不思議です	な형용사	이상합니다, 신기합니다
おもう	思う	동사	생각하다
あたりまえです	当たり前です	な형용사	당연합니다
じょうぶです	丈夫です	な형용사	튼튼합니다
しんせつです	親切です	な형용사	친절합니다
しあわせです	幸せです	な형용사	행복합니다
うれしいです	嬉しいです	い형용사	기쁩니다
いそがしいです	忙しいです	い형용사	바쁩니다
つよいです	強いです	い형용사	강합니다
みじかいです	短いです	い형용사	짧습니다
きる	切る	동사	자르다
おもいです	重いです	い형용사	무겁습니다
こぼす		동사	흘리다
なやむ	悩む	동사	고민하다
さそう	誘う	동사	권하다
おわる	終わる	동사	끝나다
だす	出す	동사	내다
みがく	磨く	동사	닦다
てつだう	手伝う	동사	돕다

읽는 법	한자	품사	뜻
さわる	触る	동사	만지다
いう	言う	동사	말하다
とまる	止まる	동사	멈추다
みちがこむ	道が混む	동사	길이 막히다
まよう	迷う	동사	헤매다
なくす	無くす	동사	잃어버리다
つく	着く	동사	도착하다
もつ	持つ	동사	들다
おごる		동사	한턱내다
まなぶ	学ぶ	동사	배우다
ぬぐ	脱ぐ	동사	벗다
すべる	滑る	동사	미끄러지다
かんじる	感じる	동사	느끼다
かりる	借りる	동사	빌리다
わすれる	忘れる	동사	잊다
かんどうする	感動する	동사	감동하다
しょうたいする	招待する	동사	초대하다
ちゅうもんする	注文する	동사	주문하다
ほめる	褒める	동사	칭찬하다
かう	飼う	동사	키우다
くばる	配る	동사	나누어주다

읽는 법	한자	품사	뜻
とぶ	飛ぶ	동사	날다
ことわる	断る	동사	거절하다
やめる	辞める	동사	그만두다
うたう	歌う	동사	노래부르다
むしする	無視する	동사	무시하다
けっせきする	欠席する	동사	결석하다
ふやす	増やす	동사	늘리다
かえす	返す	동사	돌려주다
でかける	出かける	동사	외출하다
よぶ	呼ぶ	동사	부르다
ざんぎょうする	残業する	동사	야근하다
ねる	寝る	동사	자다
かたづける	片付ける	동사	정리하다
しはらう	支払う	동사	지불하다
みまもる	見守る	동사	지켜보다
えんちょうする	延長する	동사	연장하다
りゅうがくする	留学する	동사	유학하다
すいせんする	推薦する	동사	추천하다
しゅっぱつする	出発する	동사	출발하다

PART 06

はなす みたいです

이야기할 것 같습니다

💡 **학습 목표**

동사의 원형을 사용해서 추측 표현을 말할 수 있다.

💡 **학습 포인트**

☑ 동사 + 할 것 같습니다 = 동사원형 + みたいです

☑ 동사 + 할 것 같습니까? = 동사원형 + みたいですか？

💡 **미리보기** 🎧 MP3 06-01

はなす(話す)이야기하다 | かう(買う)사다 | まつ(待つ)기다리다 | つくる(作る)만들다 | あるく(歩く)걷다

およぐ(泳ぐ)헤엄치다 | ならぶ(並ぶ)줄 서다 | たべる(食べる)먹다 | たつ(立つ)일어서다 | みる(見る)보다

しゃべる수다 떨다 | にぎる(握る)쥐다 | のむ(飲む)마시다 | おきる(起きる)일어나다

する 하다 | くる(来る)오다

01 | 동사의 추측 표현

동사 + 할 것 같습니다 = 동사원형 + みたいです

✈ 동사원형에 '~것 같습니다'란 뜻의 'みたいです'를 연결하면 '동사할 것 같습니다'라는 추측을
나타내는 표현이 됩니다. 동사원형은 현재형뿐만 아니라 미래형의 의미도 가지고 있기 때문에
'동사할'이라고 명사를 수식할 수 있습니다.

살 것 같습니다. = **かう** みたいです。
....

기다릴 것 같습니다. = **まつ** みたいです。
....

만들 것 같습니다. = **つくる** みたいです。
....

이야기할 것 같습니다. = **はなす** みたいです。
....

동사 + 할 것 같습니까? = 동사원형 + みたいですか?

'동사원형+みたいです'의 말 끝에 'か'를 붙이면 '동사할 것 같습니까?'하고 동사의 추측을 묻는 의문문이 됩니다.

걸을 것 같습니까? = **あるく** みたいですか?

헤엄칠 것 같습니까? = **およぐ** みたいですか?

줄 설 것 같습니까? = **ならぶ** みたいですか?

먹을 것 같습니까? = **たべる** みたいですか?

🏵 문장 구조를 반복해서 연습해 보자.

❶ 살 것 같습니다.　　　　　　　　　かう みたいです。

❷ 일어설 것 같습니다.　　　　　　　たつ みたいです。

❸ 만들 것 같습니다.　　　　　　　　つくる みたいです。

❹ 이야기할 것 같습니다.　　　　　　はなす みたいです。

❺ 걸을 것 같습니다.　　　　　　　　あるく みたいです。

❻ 줄 설 것 같습니까?　　　　　　　　ならぶ みたいですか?

❼ 볼 것 같습니까?　　　　　　　　　みる みたいですか?

❽ 먹을 것 같습니까?　　　　　　　　たべる みたいですか?

❾ 수다 떨 것 같습니까?　　　　　　　しゃべる みたいですか?

❿ 쥘 것 같습니까?　　　　　　　　　にぎる みたいですか?

문장 구조를 1초 만에 해석해 보자.

❶ かう みたいです。

❷ たつ みたいです。

❸ つくる みたいです。

❹ はなす みたいです。

❺ あるく みたいです。

❻ ならぶ みたいですか?

❼ みる みたいですか?

❽ たべる みたいですか?

❾ しゃべる みたいですか?

❿ にぎる みたいですか?

문장 구조를 1초 만에 일본어로 말해 보자.

❶ 살 것 같습니다.

❷ 일어설 것 같습니다.

❸ 만들 것 같습니다.

❹ 이야기할 것 같습니다.

❺ 걸을 것 같습니다.

❻ 줄 설 것 같습니까?

❼ 볼 것 같습니까?

❽ 먹을 것 같습니까?

❾ 수다 떨 것 같습니까?

❿ 쥘 것 같습니까?

응용표현

그/그녀는 + 동사할 것 같습니다

= かれ/かのじょは + 동사원형 **みたいです**

* '그는'이란 뜻의 'かれは'와 '그녀는'이란 뜻의 'かのじょは'를 연결하여 3인칭의 동작을 추측할 수 있습니다.

문장을 확장해 보자.

❶ 그는 걸을 것 같습니다.　　　　　　　　かれは **あるく みたいです。**

❷ 그는 헤엄칠 것 같습니다.　　　　　　　かれは **およぐ みたいです。**

❸ 그는 줄 설 것 같습니다.　　　　　　　　かれは **ならぶ みたいです。**

❹ 그는 마실 것 같습니다.　　　　　　　　かれは **のむ みたいです。**

❺ 그녀는 먹을 것 같습니다.　　　　　　　かのじょは **たべる みたいです。**

❻ 그녀는 일어날 것 같습니다.　　　　　　かのじょは **おきる みたいです。**

❼ 그녀는 할 것 같습니다.　　　　　　　　かのじょは **する みたいです。**

❽ 그녀는 올 것 같습니다.　　　　　　　　かのじょは **くる みたいです。**

문장 구조를 1초 만에 해석해 보자.

❶ かれは あるく みたいです。

❷ かれは およぐ みたいです。

❸ かれは ならぶ みたいです。

❹ かれは のむ みたいです。

❺ かのじょは たべる みたいです。

❻ かのじょは おきる みたいです。

❼ かのじょは する みたいです。

❽ かのじょは くる みたいです。

문장 구조를 1초 만에 일본어로 말해 보자.

❶ 그는 걸을 것 같습니다.

❷ 그는 헤엄칠 것 같습니다.

❸ 그는 줄 설 것 같습니다.

❹ 그는 마실 것 같습니다.

❺ 그녀는 먹을 것 같습니다.

❻ 그녀는 일어날 것 같습니다.

❼ 그녀는 할 것 같습니다.

❽ 그녀는 올 것 같습니다.

게스트하우스 거실에서 료와 대화를 하고 있다. 🎧 MP3 06-02

료　ジンさんは あした、かまくらに いく みたいですが、
　　いっしょに いきませんか？

　　진 씨는 내일 가마쿠라에 갈 것 같습니다만, 같이 가지 않겠습니까?

나　かまくらは とおく ありませんか？　가마쿠라는 멀지 않습니까?

료　ここからは あまり とおく ありません。

　　여기에서는 그다지 멀지 않습니다.

나　でも、かまくらより とうきょうが
　　すきですから、わたしは いきません。

　　하지만 가마쿠라보다 도쿄를 좋아하니까, 저는 가지 않겠습니다.

플러스 단어

あした(明日) 내일 | **かまくら(鎌倉)** 가마쿠라 | **あまり** 그다지 | **~より** ~보다

오모시로이 니홍고

시민

시민은 한자로 市民(저자 시, 백성 민)이라고 쓰며, 일본어로는 'しみん'이라고 발음합니다. ん을 충분히 한 박자로 읽어주는 것에 유의하세요.

PART 07

かれは かう ひとです

그는 살 사람입니다

학습 목표

미래형을 나타내는 동사원형으로 명사를 수식할 수 있다.

학습 포인트

☑ 동사할 + 명사 + 입니다 = 동사원형 + 명사 + **です**

☑ 명사 + 은(는) + 동사할 + 명사 + 입니다 = 명사 + **は** + 동사원형 + 명사 + **です**

미리보기 🎧 MP3 07-01

かう(買う)사다 | まつ(待つ)기다리다 | はなす(話す)이야기하다 | たべる(食べる)먹다 | いく(行く)가다

あした(明日)내일 | らいしゅう(来週)다음 주 | らいげつ(来月)다음 달 | らいねん(来年)내년

くる(来る)오다 | でんわする(電話する)전화하다 | かえる(帰る)돌아가다 | うる(売る)팔다

01 동사원형의 명사 수식

동사할 + 명사 + 입니다 = 동사원형 + 명사 + です

✈ 동사원형은 현재형뿐만 아니라 미래형의 의미도 가지고 있기 때문에 '동사할'이라고 명사를 수식하는 문장을 만들 수 있습니다.

기다릴 사람입니다. = **まつ** ひとです。

이야기할 사람입니다. = **はなす** ひとです。

먹을 사람입니다. = **たべる** ひとです。

살 사람입니다. = **かう** ひとです。

02 대상을 추가한 동사원형의 명사 수식

명사 + 은(는) + 동사할 + 명사 + 입니다
= 명사 + は + 동사원형 + 명사 + です

'그녀'란 뜻의 'かのじょ'나 '그'란 뜻의 'かれ' 등에 조사 'は'를 붙여 어떠한 대상이 '동사할 명사'인지 꾸며줄 수 있습니다.

그녀는 기다릴 사람입니다. = かのじょは **まつ** ひとです。

그녀는 이야기할 사람입니다. = かのじょは **はなす** ひとです。

그는 먹을 사람입니다. = かれは **たべる** ひとです。

그는 살 사람입니다. = かれは **かう** ひとです。

문장 구조를 반복해서 **연습**해 보자.

❶ 그녀는 기다릴 사람입니다.　　　　　かのじょは まつ ひとです。

❷ 그녀는 이야기할 사람입니다.　　　　かのじょは はなす ひとです。

❸ 그녀는 먹을 사람입니다.　　　　　　かのじょは たべる ひとです。

❹ 그녀는 살 사람입니다.　　　　　　　かのじょは かう ひとです。

❺ 그녀는 갈 사람입니다.　　　　　　　かのじょは いく ひとです。

❻ 그는 기다릴 사람입니다.　　　　　　かれは まつ ひとです。

❼ 그는 이야기할 사람입니다.　　　　　かれは はなす ひとです。

❽ 그는 먹을 사람입니다.　　　　　　　かれは たべる ひとです。

❾ 그는 살 사람입니다.　　　　　　　　かれは かう ひとです。

❿ 그는 갈 사람입니다.　　　　　　　　かれは いく ひとです。

문장 구조를 1초 만에 해석해 보자.

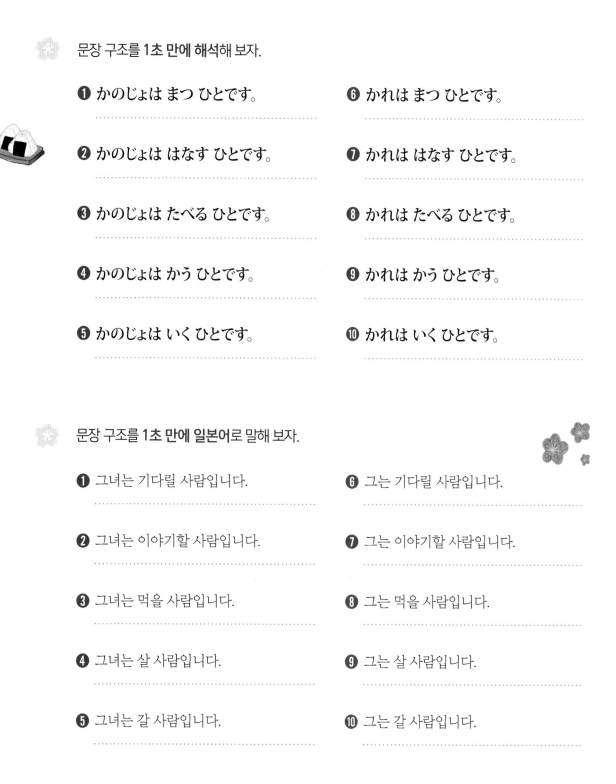

❶ かのじょは まつ ひとです。
....

❷ かのじょは はなす ひとです。
....

❸ かのじょは たべる ひとです。
....

❹ かのじょは かう ひとです。
....

❺ かのじょは いく ひとです。
....

❻ かれは まつ ひとです。
....

❼ かれは はなす ひとです。
....

❽ かれは たべる ひとです。
....

❾ かれは かう ひとです。
....

❿ かれは いく ひとです。
....

문장 구조를 1초 만에 일본어로 말해 보자.

❶ 그녀는 기다릴 사람입니다.
....

❷ 그녀는 이야기할 사람입니다.
....

❸ 그녀는 먹을 사람입니다.
....

❹ 그녀는 살 사람입니다.
....

❺ 그녀는 갈 사람입니다.
....

❻ 그는 기다릴 사람입니다.
....

❼ 그는 이야기할 사람입니다.
....

❽ 그는 먹을 사람입니다.
....

❾ 그는 살 사람입니다.
....

❿ 그는 갈 사람입니다.
....

응용표현

내일/다음 주/다음 달/내년 + 동사합니다

= あした/らいしゅう/らいげつ/らいねん + 동사ます

* '내일', '다음 주', '다음 달', '내년' 등과 같이 미래를 나타내는 단어를 쓰면 미래형을 나타낼 수 있습니다.
정중한 표현인 동사의 ます형도 '동사할 것입니다'와 같은 미래형의 의미를 가지고 있습니다.

문장을 확장해 보자.

❶ 내일 갑니다.   あした いきます。

❷ 다음 주에 옵니다.   らいしゅう きます。

❸ 다음 달에 삽니다.   らいげつ かいます。

❹ 내년에 갑니다.   らいねん いきます。

❺ 내일 전화합니다.   あした でんわします。

❻ 다음 주에 돌아갑니다.   らいしゅう かえります。

❼ 다음 달에 팝니다.   らいげつ うります。

❽ 내년에 옵니다.   らいねん きます。

문장 구조를 1초 만에 해석해 보자.

❶ あした いきます。
....

❺ あした でんわします。
....

❷ らいしゅう きます。
....

❻ らいしゅう かえります。
....

❸ らいげつ かいます。
....

❼ らいげつ うります。
....

❹ らいねん いきます。
....

❽ らいねん きます。
....

문장 구조를 1초 만에 일본어로 말해 보자.

❶ 내일 갑니다.
....

❺ 내일 전화합니다.
....

❷ 다음 주에 옵니다.
....

❻ 다음 주에 돌아갑니다.
....

❸ 다음 달에 삽니다.
....

❼ 다음 달에 팝니다.
....

❹ 내년에 갑니다.
....

❽ 내년에 옵니다.
....

게스트하우스 거실에서 료와 진과 대화를 하고 있다. 🎧 MP3 07-02

료 　これは なんですか?　이것은 무엇입니까?

나 　あした いく すしやです。　내일 갈 초밥집입니다.

진 　あした すしを たべる つもりですか?　내일 초밥을 먹을 생각입니까?

나 　はい、みなさんは なにを たべる つもりですか?

　네, 여러분은 무엇을 먹을 생각입니까?

진 　わたしは どんぶりを たべる つもりです。

　リョウさんは?　저는 덮밥을 먹을 생각입니다. 료 씨는요?

료 　まだ、わかりません。すしも たべたいですが、おこのみやきも

　たべたいです。　아직 모르겠습니다. 초밥도 먹고 싶지만, 오코노미야키도 먹고 싶습니다.

플러스 단어

すしや(すし屋) 초밥집 **| みなさん(皆さん)** 여러분 **| どんぶり(丼)** 덮밥 **| まだ** 아직

おこのみやき(お好み焼き) 오코노미야키

오모시로이 니홍고

도시

도시는 한자로 都市(도읍 도, 저자 시)라고 쓰며, 일본어로는 'とし'라고 발음합니다. 짧게 とし라고
읽어주는 것에 유의하세요.

PART 08

まつなら いきます

기다린다면 갑니다

💡 **학습 목표**

동사의 원형에 가정형을 접속하여 조건 문장을 만들 수 있다.

💡 **학습 포인트**

☑ 동사 + 한다면 = 동사원형 + **なら**

☑ 동사 + 한다면 + 동사 + 합니다 = 동사원형 + **なら** + 동사 + **ます**

☑ 동사 + 한다면 + な형용사 + 합니다 = 동사원형 + **なら** + な형용사 + **です**

💡 **미리보기** 🎧 MP3 08-01

まつ(待つ) 기다리다 | かう(買う) 사다 | はなす(話す) 이야기하다 | いく(行く) 가다

のむ(飲む) 마시다 | いやです(嫌です) 싫습니다 | だいじょうぶです(大丈夫です) 괜찮습니다

つくる(作る) 만들다 | たべる(食べる) 먹다

01 | 동작의 가정

동사 + 한다면 = 동사원형 + なら

✈ 동사원형에 '~한다면'이란 뜻의 'なら'를 연결하면 동작의 가정을 할 수 있습니다.

산다면 = かうなら

기다린다면 = まつなら

02 | 동작을 가정한 동사의 조건문

동사 + 한다면 + 동사 + 합니다 = 동사원형 + なら + 동사 + ます

✈ '동사한다면'이란 가정 뒤에 '동사합니다'라는 표현을 쓰면 조건의 문장이 됩니다. 'ません'과 같이 부정형이 올 수도 있습니다.

이야기한다면 갑니다. = はなすなら いきます。

마신다면 안 갑니다. = のむなら いきません。

동사 + 한다면 + な형용사 + 합니다

= 동사원형 + なら + な형용사 + です

'동사한다면'이란 가정 뒤에 'な형용사합니다'라는 표현을 쓰면 조건의 문장이 됩니다. '싫습니다'란 뜻의 'いやです'나 '괜찮습니다'란 뜻의 'だいじょうぶです' 외에 다른 형용사도 사용할 수 있습니다.

산다면 싫습니다. = かうなら いやです。

기다린다면 괜찮습니다. = まつなら だいじょうぶです。

문장 구조를 반복해서 연습해 보자.

❶ 산다면 갑니다.　　　　　　　　かうなら いきます。

❷ 기다린다면 갑니다.　　　　　　まつなら いきます。

❸ 만든다면 갑니다.　　　　　　　つくるなら いきます。

❹ 이야기한다면 안 갑니다.　　　　はなすなら いきません。

❺ 마신다면 안 갑니다.　　　　　　のむなら いきません。

❻ 먹는다면 안 갑니다.　　　　　　たべるなら いきません。

❼ 산다면 싫습니다.　　　　　　　かうなら いやです。

❽ 기다린다면 싫습니다.　　　　　まつなら いやです。

❾ 만든다면 괜찮습니다.　　　　　つくるなら だいじょうぶです。

❿ 이야기한다면 괜찮습니다.　　　はなすなら だいじょうぶです。

문장 구조를 1초 만에 해석해 보자.

❶ かうなら いきます。
....

❷ まつなら いきます。
....

❸ つくるなら いきます。
....

❹ はなすなら いきません。
....

❺ のむなら いきません。
....

❻ たべるなら いきません。
....

❼ かうなら いやです。
....

❽ まつなら いやです。
....

❾ つくるなら だいじょうぶです。
....

❿ はなすなら だいじょうぶです。
....

문장 구조를 1초 만에 일본어로 말해 보자.

❶ 산다면 갑니다.
....

❷ 기다린다면 갑니다.
....

❸ 만든다면 갑니다.
....

❹ 이야기한다면 안 갑니다.
....

❺ 마신다면 안 갑니다.
....

❻ 먹는다면 안 갑니다.
....

❼ 산다면 싫습니다.
....

❽ 기다린다면 싫습니다.
....

❾ 만든다면 괜찮습니다.
....

❿ 이야기한다면 괜찮습니다.
....

응용표현

그녀/그가 동사한다면 + 동사합니다/**な**형용사합니다

= かのじょ/かれが + 동사원형**なら** + 동사**ます**/**な**형용사**です**

* '그녀'라는 뜻의 'かのじょ', '그'라는 뜻의 'かれ'를 사용하여 3인칭에 대한 조건의 문장을 만들 수 있습니다.

문장을 확장해 보자.

❶ 그녀가 산다면 갑니다.　　　　　　かのじょが かうなら いきます。

❷ 그녀가 기다린다면 안 갑니다.　　　　かのじょが まつなら いきません。

❸ 그녀가 만든다면 싫습니다.　　　　　かのじょが つくるなら いやです。

❹ 그녀가 산다면 괜찮습니다.　　　　　かのじょが かうなら だいじょうぶです。

❺ 그가 기다린다면 갑니다.　　　　　　かれが まつなら いきます。

❻ 그가 만든다면 안 갑니다.　　　　　かれが つくるなら いきません。

❼ 그가 산다면 싫습니다.　　　　　　　かれが かうなら いやです。

❽ 그가 기다린다면 괜찮습니다.　　　　かれが まつなら だいじょうぶです。

문장 구조를 1초 만에 해석해 보자.

❶ かのじょが かうなら いきます。
....

❷ かのじょが まつなら いきません。
....

❸ かのじょが つくるなら いやです。
....

❹ かのじょが かうなら だいじょうぶです。
....

❺ かれが まつなら いきます。
....

❻ かれが つくるなら いきません。
....

❼ かれが かうなら いやです。
....

❽ かれが まつなら だいじょうぶです。
....

문장 구조를 1초 만에 일본어로 말해 보자.

❶ 그녀가 산다면 갑니다.
....

❷ 그녀가 기다린다면 안 갑니다.
....

❸ 그녀가 만든다면 싫습니다.
....

❹ 그녀가 산다면 괜찮습니다.
....

❺ 그가 기다린다면 갑니다.
....

❻ 그가 만든다면 안 갑니다.
....

❼ 그가 산다면 싫습니다.
....

❽ 그가 기다린다면 괜찮습니다.
....

말해보기

게스트하우스 거실에서 첸과 대화를 하고 있다. 🎧 MP3 08-02

나   あしたは なにを する つもりですか？

내일은 무엇을 할 생각입니까?

첸   はこねに いきます。わたしたちと いっしょに いきませんか？

하코네에 갈 겁니다. 우리와 함께 가지 않겠습니까?

나   すみません。はこねに いくなら いきません。

미안합니다. 하코네에 간다면 가지 않겠습니다.

첸   どうしてですか？   어째서입니까?

나   はこねは とおいですから、いきたく ありません。

하코네는 멀어서 가고 싶지 않습니다.

플러스 단어

はこね(箱根) 하코네 │ **わたしたち(私達)** 우리 │ **いっしょに(一緒に)** 함께 │ **どうして** 어째서, 왜

오모시로이 니홍고

간단

간단은 한자로 簡単(간략할 간, 홑 단)이라고 쓰며, 일본어로는 'かんたん'이라고 발음합니다.
ん을 충분히 한 박자로 읽어주는 것에 유의하세요.

PART 09

いつ コーヒーを のむことが できますか？

언제 커피를 마실 수 있습니까?

💡 **학습 목표**

의문사를 접속하여 동사원형에 활용할 수 있는 의문문을 다양하게 만들 수 있다.

💡 **학습 포인트**

☑ 언제 + 동사할 수 있습니까? = いつ + 동사원형ことが できますか？

☑ 언제부터 + 동사할 수 있습니까? = いつから + 동사원형ことが できますか？

☑ 무엇을 + 동사한다면 동사합니까? = なにを + 동사원형なら 동사ますか？

💡 **미리보기** 🎧 MP3 09-01

コーヒー 커피 | のむ(飲む) 마시다 | スマホ 스마트폰 | かう(買う) 사다 | こうえん(公園) 공원

あるく(歩く) 걷다 | およぐ(泳ぐ) 헤엄치다 | つくる(作る) 만들다 | たべる(食べる) 먹다 | いく(行く) 가다

01 '언제'를 사용한 의문문

언제 + 동사할 수 있습니까? = いつ + 동사원형**ことが できますか?**

✈ '언제'를 뜻하는 'いつ'를 사용하여 '언제 ~할 수 있습니까?'라고 물어볼 수 있습니다.

언제 스마트폰을 살 수 있습니까? = いつ スマホを かうことが できますか?

언제 공원을 걸을 수 있습니까? = いつ こうえんを あるくことが できますか?

02 '언제부터'를 사용한 의문문

언제부터 + 동사할 수 있습니까? = いつから + 동사원형**ことが できますか?**

✈ '언제부터'를 뜻하는 'いつから'를 사용하여 '언제부터 ~할 수 있습니까?'라고 물어볼 수 있습니다.

언제부터 헤엄칠 수 있습니까? = いつから およぐことが できますか?

언제부터 커피를 마실 수 있습니까? = いつから コーヒーを のむことが できますか?

03 '무엇을'을 사용한 의문문

무엇을 + 동사한다면 동사합니까? = なにを + 동사원형**なら** 동사**ますか?**

'무엇을'을 뜻하는 'なにを'를 사용하여 '무엇을 ~한다면 ~합니까?'라고 물어볼 수 있습니다. 또한 동사의 **ます**형은 미래형의 의미도 가지고 있기 때문에 '~하겠습니까?'라고 물어볼 수도 있습니다.

무엇을 만든다면 먹겠습니까? = なにを つくるなら たべますか?

무엇을 먹는다면 가겠습니까? = なにを たべるなら いきますか?

✳ 문장 구조를 반복해서 연습해 보자.

❶ 언제 스마트폰을 살 수 있습니까?　　　いつ スマホを かうことが できますか?

❷ 언제 공원을 걸을 수 있습니까?　　　　いつ こうえんを あるくことが できますか?

❸ 언제 헤엄칠 수 있습니까?　　　　　　いつ およぐことが できますか?

❹ 언제 커피를 마실 수 있습니까?　　　　いつ コーヒーを のむことが できますか?

❺ 언제부터 스마트폰을 살 수 있습니까?　　いつから スマホを かうことが できますか?

❻ 언제부터 공원을 걸을 수 있습니까?　　　いつから こうえんを あるくことが できますか?

❼ 언제부터 헤엄칠 수 있습니까?　　　　　いつから およぐことが できますか?

❽ 언제부터 커피를 마실 수 있습니까?　　　いつから コーヒーを のむことが できますか?

❾ 무엇을 만든다면 먹겠습니까?　　　　　なにを つくるなら たべますか?

❿ 무엇을 먹는다면 가겠습니까?　　　　　なにを たべるなら いきますか?

문장 구조를 1초 만에 해석해 보자.

❶ いつ スマホを かうことが できますか？

❷ いつ こうえんを あるくことが できますか？

❸ いつ およぐことが できますか？

❹ いつ コーヒーを のむことが できますか？

❺ いつから スマホを かうことが できますか？

❻ いつから こうえんを あるくことが できますか？

❼ いつから およぐことが できますか？

❽ いつから コーヒーを のむことが できますか？

❾ なにを つくるなら たべますか？

❿ なにを たべるなら いきますか？

문장 구조를 1초 만에 일본어로 말해 보자.

❶ 언제 스마트폰을 살 수 있습니까?

❷ 언제 공원을 걸을 수 있습니까?

❸ 언제 헤엄칠 수 있습니까?

❹ 언제 커피를 마실 수 있습니까?

❺ 언제부터 스마트폰을 살 수 있습니까?

❻ 언제부터 공원을 걸을 수 있습니까?

❼ 언제부터 헤엄칠 수 있습니까?

❽ 언제부터 커피를 마실 수 있습니까?

❾ 무엇을 만든다면 먹겠습니까?

❿ 무엇을 먹는다면 가겠습니까?

응용표현

어째서 + 동사할 생각입니까?

= どうして + 동사원형 **つもりですか?**

* '어째서'를 뜻하는 'どうして'를 사용하여 '어째서 동사할 생각입니까?'라고 물어볼 수 있습니다.

✿ 문장을 확장해 보자.

❶ 어째서 그를 기다릴 생각입니까?　　　どうして かれを まつ つもりですか?

❷ 어째서 그것을 이야기할 생각입니까?　どうして それを はなす つもりですか?

❸ 어째서 스마트폰을 살 생각입니까?　　どうして スマホを かう つもりですか?

❹ 어째서 공원을 걸을 생각입니까?　　　どうして こうえんを あるく つもりですか?

❺ 어째서 헤엄칠 생각입니까?　　　　　どうして およぐ つもりですか?

❻ 어째서 커피를 마실 생각입니까?　　　どうして コーヒーを のむ つもりですか?

❼ 어째서 라면을 먹을 생각입니까?　　　どうして ラーメンを たべる つもりですか?

❽ 어째서 줄 설 생각입니까?　　　　　　どうして ならぶ つもりですか?

문장 구조를 1초 만에 해석해 보자.

❶ どうして かれを まつ つもりですか?

❷ どうして それを はなす つもりですか?

❸ どうして スマホを かう つもりですか?

❹ どうして こうえんを あるく つもりですか?

❺ どうして およぐ つもりですか?

❻ どうして コーヒーを のむ つもりですか?

❼ どうして ラーメンを たべる つもりですか?

❽ どうして ならぶ つもりですか?

문장 구조를 1초 만에 일본어로 말해 보자.

❶ 어째서 그를 기다릴 생각입니까?

❷ 어째서 그것을 이야기할 생각입니까?

❸ 어째서 스마트폰을 살 생각입니까?

❹ 어째서 공원을 걸을 생각입니까?

❺ 어째서 헤엄칠 생각입니까?

❻ 어째서 커피를 마실 생각입니까?

❼ 어째서 라면을 먹을 생각입니까?

❽ 어째서 줄 설 생각입니까?

첸과 관광지에서 어떤 가게를 보고 있다. 🎧 MP3 09-02

첸 どうして あの みせに ならびますか?

어째서 저 가게에 줄 섭니까?

나 あそこで とても おいしい ラーメンを たべる ことが できますよ。

저곳에서 매우 맛있는 라면을 먹을 수 있어요.

첸 そうですか? それなら、

わたしたちも ならびましょうか?

그렇습니까? 그렇다면, 우리도 줄 설까요?

나 はい、そう しましょう。　네, 그렇게 합시다.

플러스 단어

みせ(店) 가게 | **ならぶ(並ぶ)** 줄 서다 | **それなら** 그렇다면 | **そう** 그렇게

오모시로이 니홍고

만족

만족은 한자로 満足(가득찰 만, 발 족)이라고 쓰며, 일본어로는 'まんぞく'라고 발음합니다. ぞ
발음에 유의하세요.

PART 10

にほんの おんせんは ゆうめいですか？

일본의 온천은 유명합니까?

 학습 목표

명사와 명사 사이에 조사 **の**가 들어가는 문장을 만들 수 있다.

 학습 포인트

☑ 명사 + 의 + 명사입니다 = 명사 + **の** + 명사です

☑ 명사 + 의 것입니다 = 명사 + **のです**

미리보기 🎧 MP3 10-01

にほん(日本) 일본 | おんせん(温泉) 온천 | ゆうめいです(有名です) 유명합니다 | せんせい(先生) 선생님

パソコン 컴퓨터 | べんりです(便利です) 편리합니다 | ラーメン 라면 | おいしいです(美味しいです) 맛있습니다

 こうえん(公園) 공원 | きれいです(綺麗です) 깨끗합니다 | スマホ 스마트폰 | たかいです(高いです) 비쌉니다

ソウル 서울 | だいがく(大学) 대학교 | かんこく(韓国) 한국 | しんぶん(新聞) 신문 | チェジュ 제주

01 소유격을 나타내는 조사

명사 + 의 + 명사입니다 = 명사 + の + 명사です

✈ '~의'를 뜻하는 조사 'の'는 명사와 명사 사이에 붙어 소유나 소속을 표현할 수 있습니다.

일본의 온천은 유명합니다. = にほんの おんせんは ゆうめいです。

선생님의 컴퓨터는 편리합니다. = せんせいの パソコンは べんりです。

이곳의 라면은 맛있습니다. = ここの ラーメンは おいしいです。

명사 + 의 것입니다 = 명사 + の です

명사 뒤에 붙은 조사 'の'는 '~의 것'이라는 뜻을 나타냅니다.

나의 것입니다. = わたしの です。

선생님의 것이 아닙니다. = せんせいの じゃ ありません。

그의 것이었습니다. = かれの でした。

문장 구조를 반복해서 연습해 보자.

① 일본의 온천은 유명합니다.　　　　にほんの おんせんは ゆうめいです。

② 선생님의 컴퓨터는 편리합니다.　　　せんせいの パソコンは べんりです。

③ 이곳의 라면은 맛있습니다.　　　　　ここの ラーメンは おいしいです。

④ 일본의 공원은 깨끗합니다.　　　　　にほんの こうえんは きれいです。

⑤ 그의 스마트폰은 비쌉니다.　　　　　かれの スマホは たかいです。

⑥ 나의 것입니다.　　　　　　　　　　わたしのです。

⑦ 선생님의 것이 아닙니다.　　　　　せんせいのじゃ ありません。

⑧ 그의 것이었습니다.　　　　　　　　かれのでした。

⑨ 나의 것이 아니었습니다.　　　　　わたしのじゃ ありませんでした。

⑩ 선생님의 것입니다.　　　　　　　　せんせいのです。

문장 구조를 1초 만에 해석해 보자.

❶ にほんの おんせんは ゆうめいです。

❷ せんせいの パソコンは べんりです。

❸ ここの ラーメンは おいしいです。

❹ にほんの こうえんは きれいです。

❺ かれの スマホは たかいです。

❻ わたしのです。

❼ せんせいのじゃ ありません。

❽ かれのでした。

❾ わたしのじゃ ありませんでした。

❿ せんせいのです。

문장 구조를 1초 만에 일본어로 말해 보자.

❶ 일본의 온천은 유명합니다.

❷ 선생님의 컴퓨터는 편리합니다.

❸ 이곳의 라면은 맛있습니다.

❹ 일본의 공원은 깨끗합니다.

❺ 그의 스마트폰은 비쌉니다.

❻ 나의 것입니다.

❼ 선생님의 것이 아닙니다.

❽ 그의 것이었습니다.

❾ 나의 것이 아니었습니다.

❿ 선생님의 것입니다.

응용하기 ✦

응용표현

명사 + 명사 = 명사 + の + 명사

* 동격을 나타내는 조사 'の'는 명사와 명사를 연결하는 역할을 합니다. 우리말에는 없는 표현이기 때문에 해석하지 않습니다. 명사와 명사 사이에 'の'를 붙이지 않으면 의미가 달라집니다.

❋ **문장을 확장해 보자.**

❶ 서울(에 있는) 대학교　　　　　ソウルの だいがく

❷ 서울대학교(고유명사)　　　　　ソウルだいがく

❸ 한국(에서 발간된) 신문　　　　かんこくの しんぶん

❹ 한국신문(고유명사)　　　　　　かんこくしんぶん

❺ 제주(에 있는) 공원　　　　　　チェジュの こうえん

❻ 제주공원(고유명사)　　　　　　チェジュこうえん

❼ 일본(에 있는) 온천　　　　　　にほんの おんせん

❽ 일본온천(고유명사)　　　　　　にほんおんせん

문장 구조를 1초 만에 해석해 보자.

❶ ソウルの だいがく

❷ ソウルだいがく

❸ かんこくの しんぶん

❹ かんこくしんぶん

❺ チェジュの こうえん

❻ チェジュこうえん

❼ にほんの おんせん

❽ にほんおんせん

문장 구조를 1초 만에 일본어로 말해 보자.

❶ 서울(에 있는) 대학교

❷ 서울대학교(고유명사)

❸ 한국(에서 발간된) 신문

❹ 한국신문(고유명사)

❺ 제주(에 있는) 공원

❻ 제주공원(고유명사)

❼ 일본(에 있는) 온천

❽ 일본온천(고유명사)

린과 식당에서 주문을 하려고 하고 있다. 🎧 MP3 10-02

린 これが このみせの いちばん おいしい ラーメンですか？

이것이 이 가게의 가장 맛있는 라면입니까？

나 いいえ、これじゃ ありません。

もっと おいしい ラーメンが ありますよ。

아니요, 이것이 아닙니다. 더 맛있는 라면이 있어요.

린 どれですか？

어느 것입니까？

나 これです。　이것입니다.

플러스 단어

いちばん(一番) 가장 ┃ **ラーメン** 라면 ┃ **もっと** 더

오모시로이 니홍고

설날

일본은 1월 1일에 쇼가쓰(正月), 즉 정월이라고 하여 설을 지냅니다. 연말에 집안 대청소를 한 뒤, 집 현관 앞에 '가도마쓰'라고 하는 소나무 장식을 세워 놓고 새해의 신인 '도시가미'를 맞이합니다. 정월 초하루의 새벽에는 '하쓰모데'라고 하여 절이나 신사에 참배를 하러 가고, '도소'라고 하는 일본 술을 마시기도 합니다.

실력업그레이드2

🖋 PART 06에서 PART 10까지 배웠던 문형을 복습해 봅시다.

PART 06 はなすみたいです

• 동사＋할 것 같습니다＝동사원형＋**みたいです**

• 동사＋할 것 같습니까?＝동사원형＋**みたいですか?**

PART 07 かれはかうひとです

• 동사할＋명사＋입니다＝동사원형＋명사＋**です**

• 명사＋은(는)＋동사할＋명사＋입니다＝명사＋**は**＋동사원형＋명사＋**です**

PART 08 まつならいきます

• 동사＋한다면＝동사원형＋**なら**

• 동사＋한다면＋동사＋합니다＝동사원형＋**なら**＋동사＋**ます**

• 동사＋한다면＋な형용사＋합니다＝동사원형＋**なら**＋な형용사＋**です**

PART 09 いつコーヒーをのむことができますか?

• 언제＋동사할 수 있습니까?＝**いつ**＋동사원형**ことが できますか?**

• 언제부터＋동사할 수 있습니까?＝**いつから**＋동사원형**ことが できますか?**

• 무엇을＋동사한다면 동사합니까?＝**なにを**＋동사원형**なら 동사ますか?**

PART 10 にほんのおんせんはゆうめいですか?

• 명사＋의＋명사입니다＝명사＋**の**＋명사です

• 명사＋의것입니다＝명사＋**のです**

앞에서 배웠던 문형에 추가 단어들을 적용해 연습해 봅시다.

읽는 법	한자	품사	뜻
のりかえる	乗り換える	동사	갈아타다
とまる	泊まる	동사	묵다
おくれる	遅れる	동사	늦어지다
はじまる	始まる	동사	시작되다
まかせる	任せる	동사	맡기다
ざんぎょうする	残業する	동사	야근하다
えんちょうする	延長する	동사	연장하다
あつまる	集まる	동사	모이다
ぼしゅうする	募集する	동사	모집하다
かたづける	片付ける	동사	정리하다
おふろに はいる	お風呂に 入る	동사	목욕하다
じかん	時間	명사	시간
シャワーをあびる	シャワーを 浴びる	동사	샤워하다
はみがきをする	歯磨きを する	동사	이를 닦다
みんな	皆	명사	모두
いっしょに	一緒に	부사	함께
ワイン		명사	와인
えいが	映画	명사	영화
ちこくする	遅刻する	동사	지각하다
がまんする	我慢する	동사	참다
きづく	気づく	동사	눈치채다

읽는 법	한자	품사	뜻
うる	売る	동사	팔다
もの	物	명사	물건
かえす	返す	동사	돌려주다
ごうかくする	合格する	동사	합격하다
ふく	服	명사	옷
よごれる	汚れる	동사	더러워지다
みちがこむ	道が混む	동사	길이 막히다
さそう	誘う	동사	권하다
きにいる	気に入る	동사	마음에 들다
あせをかく	汗をかく	동사	땀을 흘리다
まにあう	間に合う	동사	시간에 대다, 제 시간에 맞다
ことわる	断る	동사	거절하다
わたる	渡る	동사	건너다
きまる	決まる	동사	정해지다
いる		동사	(사람/동물) 있다
しらべる	調べる	동사	조사하다
つつむ	包む	동사	감싸다, 포장하다
えがく	描く	동사	그리다
おこる	怒る	동사	화내다
にげる	逃げる	동사	도망치다
おいかける	追いかける	동사	쫓아가다

읽는 법	한자	품사	뜻
ノートパソコン		명사	노트북
たいわん	台湾	명사	대만
おみやげ	お土産	명사	기념품
かちょう	課長	명사	과장
タバコ		명사	담배
しゅにん	主任	명사	주임
メールアドレス		명사	메일주소
ビル		명사	빌딩
ゆうびんきょく	郵便局	명사	우체국
さつえい	撮影	명사	촬영
ろせんず	路線図	명사	노선도
でんしゃ	電車	명사	전철
はくぶつかん	博物館	명사	박물관
おちゃ	お茶	명사	차
おきゃくさん	お客さん	명사	손님
こうはい	後輩	명사	후배
がっこう	学校	명사	학교
しんにゅうせい	新入生	명사	신입생

PART 11

ゆうめいな ラーメンを つくる ラーメンやです

유명한 라면을 만드는 라면 가게입니다

💡 학습 목표

'주어+서술어'의 기본 뼈대에 앞 뒤로 살을 붙여 긴 문장을 만들 수 있다.

💡 학습 포인트

☐ 명사을(를) + 동사하는 + 명사입니다 = 명사を + 동사원형 + 명사です

☐ な형용사한/い형용사인 + 명사을(를) + 동사하는 + 명사입니다
   = な형용사な/い형용사 + 명사を + 동사원형 + 명사です

💡 미리보기 🎧 MP3 11-01

ゆうめいです(有名です) 유명합니다 | ラーメン 라면 | つくる(作る) 만들다 | や(屋) 가게(집) | ほん(本) 책

うる(売る) 팔다 | はな(花) 꽃 | さかな(魚) 생선 | おもしろいです 재미있습니다

たかいです(高いです) 비쌉니다 | しんせんです(新鮮です) 신선합니다

おいしいです(美味しいです) 맛있습니다 | ふく(服) 옷 | きれいです(綺麗です) 예쁩니다

01 명사를 수식하는 문장

명사을(를) + 동사하는 + 명사입니다 = 명사を + 동사원형 + 명사です

✒ 서술어 '명사입니다' 앞에 '명사을(를) 동사하는'을 연결시켜 명사를 수식하는 문장을 만들 수 있습니다.

책을 파는 서점입니다. = ほんを うる ほんやです。

꽃을 파는 꽃집입니다. = はなを うる はなやです。

생선을 파는 생선 가게입니다. = さかなを うる さかなやです。

라면을 파는 라면 가게입니다. = ラーメンを うる ラーメンやです。

な형용사한/い형용사인 + 명사을(를) + 동사하는 + 명사입니다

= な형용사な/い형용사 + 명사を + 동사원형 + 명사です

서술어 '명사을(를) 동사하는 명사입니다' 앞에 형용사를 연결시켜 명사를 더 길게 수식하는 문장을 만들 수 있습니다.

재미있는 책을 파는 서점입니다. = おもしろい ほんを うる ほんやです。

비싼 꽃을 파는 꽃집입니다. = たかい はなを うる はなやです。

신선한 생선을 파는 생선 가게입니다. = しんせんな さかなを うる さかなやです。

맛있는 라면을 파는 라면 가게입니다. = おいしい ラーメンを うる ラーメンやです。

연습하기 👄

문장 구조를 반복해서 연습해 보자.

❶ 책을 파는 서점입니다.　　　　　　　　ほんを うる ほんやです。

❷ 꽃을 파는 꽃집입니다.　　　　　　　　はなを うる はなやです。

❸ 생선을 파는 생선 가게입니다.　　　　　さかなを うる さかなやです。

❹ 라면을 파는 라면 가게입니다.　　　　　ラーメンを うる ラーメンやです。

❺ 원피스를 파는 옷 가게입니다.　　　　　ワンピースを うる ふくやです。

❻ 재미있는 책을 파는 서점입니다.　　　　おもしろい ほんを うる ほんやです。

❼ 비싼 꽃을 파는 꽃집입니다.　　　　　　たかい はなを うる はなやです。

❽ 신선한 생선을 파는 생선 가게입니다.　しんせんな さかなを うる さかなやです。

❾ 맛있는 라면을 파는 라면 가게입니다.　おいしい ラーメンを うる ラーメンやです。

❿ 예쁜 원피스를 파는 옷 가게입니다.　　きれいな ワンピースを うる ふくやです。

문장 구조를 1초 만에 해석해 보자.

❶ ほんを うる ほんやです。

❷ はなを うる はなやです。

❸ さかなを うる さかなやです。

❹ ラーメンを うる ラーメンやです。

❺ ワンピースを うる ふくやです。

❻ おもしろい ほんを うる ほんやです。

❼ たかい はなを うる はなやです。

❽ しんせんな さかなを うる さかなやです。

❾ おいしい ラーメンを うる ラーメンやです。

❿ きれいな ワンピースを うる ふくやです。

문장 구조를 1초 만에 일본어로 말해 보자.

❶ 책을 파는 서점입니다.

❷ 꽃을 파는 꽃집입니다.

❸ 생선을 파는 생선 가게입니다.

❹ 라면을 파는 라면 가게입니다.

❺ 원피스를 파는 옷 가게입니다.

❻ 재미있는 책을 파는 서점입니다.

❼ 비싼 꽃을 파는 꽃집입니다.

❽ 신선한 생선을 파는 생선 가게입니다.

❾ 맛있는 라면을 파는 라면 가게입니다.

❿ 예쁜 원피스를 파는 옷 가게입니다.

응용표현

여기/거기/저기는 + **な**형용사한/**い**형용사인 명사을(를) 동사하는 명사입니다

= ここ/そこ/あそこは + **な**형용사**な**/**い**형용사 명사**を** 동사원형 명사**です**

* 위치나 장소를 나타내는 지시대명사를 연결하여 더 긴 문장을 만들 수 있습니다.

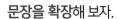

문장을 확장해 보자.

❶ 여기는 책을 파는 서점입니다.　　　　ここは ほんを うる ほんやです。

❷ 여기는 재미있는 책을 파는 서점입니다.　ここは おもしろい ほんを うる ほんやです。

❸ 거기는 꽃을 파는 꽃집입니다.　　　　そこは はなを うる はなやです。

❹ 거기는 비싼 꽃을 파는 꽃집입니다.　　そこは たかい はなを うる はなやです。

❺ 저기는 생선을 파는 생선 가게입니다.　あそこは さかなを うる さかなやです。

❻ 저기는 신선한 생선을 파는 생선 가게입니다. あそこは しんせんな さかなを うる さかなやです。

❼ 여기는 라면을 파는 라면 가게입니다.　ここは ラーメンを うる ラーメンやです。

❽ 여기는 맛있는 라면을 파는 라면 가게입니다. ここは おいしい ラーメンを うる ラーメンやです。

문장 구조를 1초 만에 해석해 보자.

❶ ここは ほんを うる ほんやです。

❷ ここは おもしろい ほんを うる ほんやです。

❸ そこは はなを うる はなやです。

❹ そこは たかい はなを うる はなやです。

❺ あそこは さかなを うる さかなやです。

❻ あそこはしんせんなさかなをうるさかなやです。

❼ ここは ラーメンをうる ラーメンやです。

❽ ここは おいしい ラーメンをうる ラーメンやです。

문장 구조를 1초 만에 일본어로 말해 보자.

❶ 여기는 책을 파는 서점입니다.

❷ 여기는 재미있는 책을 파는 서점입니다.

❸ 거기는 꽃을 파는 꽃집입니다.

❹ 거기는 비싼 꽃을 파는 꽃집입니다.

❺ 저기는 생선을 파는 생선 가게입니다.

❻ 저기는 신선한 생선을 파는 생선 가게입니다.

❼ 여기는 라면을 파는 라면 가게입니다.

❽ 여기는 맛있는 라면을 파는 라면 가게입니다.

편의점을 발견하고 게스트하우스 직원에게 물어보고 있다. 🎧 MP3 11-02

나 あそこは どんな コンビニですか？

저기는 어떤 편의점입니까?

직원 あそこは おいしい おでんを うる コンビニですよ。

저기는 맛있는 어묵을 파는 편의점이에요.

나 おにぎりも おいしいですか？

주먹밥도 맛있습니까？

직원 おにぎりは まあまあです。

주먹밥은 그저 그래요.

플러스 단어

コンビニ 편의점 | **おでん** 어묵 | **おにぎり** 주먹밥 | **まあまあ** 그저 그런 상태

오모시로이 니홍고

안심

안심은 한자로 安心(편안할 안, 마음 심)이라고 쓰며, 일본어로는 'あんしん'이라고 발음합니다.
ん을 충분히 한 박자로 읽어주는 것에 유의하세요.

PART 12

プレゼントを かう
ゆうめいな デパートです

선물을 살 유명한 백화점입니다

💡 **학습 목표**

주어를 생략한 서술어 문장을 만들 수 있다.

💡 **학습 포인트**

☑ 명사을(를) + 동사할 + **な형용사한** + 명사입니다 = 명사を + 동사원형 + **な형용사な** + 명사です

☑ 명사을(를) + 동사할 + **い형용사인** + 명사입니다 = 명사を + 동사원형 + **い형용사** + 명사です

💡 **미리보기** 🎧 MP3 12-01

プレゼント 선물 │ デパート 백화점 │ さしみ(刺身) 회 │ みせ(店) 가게 │ かばん 가방 │ すし(寿司) 초밥

さかな(魚) 생선 │ ぎゅうどん(牛丼) 소고기 덮밥 │ にく(肉) 고기 │ ワイン 와인 │ レストラン 레스토랑

ビール 맥주 │ いざかや(居酒屋) 선술집 │ これから 이제부터

01 な형용사의 수식 문장

명사을(를) + 동사할 + *な형용사한* + 명사입니다
= 명사**を** + 동사원형 + *な형용사な* + 명사**です**

✎ '명사을(를) 동사할'과 '명사입니다'의 사이에 な형용사를 연결시켜 명사를 수식하는 문장을 만들 수 있습니다.

회를 먹을 깨끗한 가게입니다. = さしみを たべる きれいな みせです。

가방을 살 유명한 백화점입니다. = かばんを かう ゆうめいな デパートです。

초밥을 만들 신선한 생선입니다. = すしを つくる しんせんな さかなです。

02 | い형용사의 수식 문장

명사을(를) + 동사할 + い형용사인 + 명사입니다
= 명사を + 동사원형 + い형용사 + 명사です

✈ '명사을(를) 동사할'과 '명사입니다'의 사이에 い형용사를 연결시켜 명사를 수식하는 문장을 만들 수 있습니다.

소고기 덮밥을 만들 맛있는 고기입니다. = ぎゅうどんを つくる おいしい にくです。

와인을 마실 비싼 레스토랑입니다. = ワインを のむ たかい レストランです。

맥주를 마실 싼 선술집입니다. = ビールを のむ やすい いざかやです。

문장 구조를 반복해서 연습해 보자.

❶ 회를 먹을 깨끗한 가게입니다. 　さしみを たべる きれいな みせです。

❷ 가방을 살 유명한 백화점입니다. 　かばんを かう ゆうめいな デパートです。

❸ 초밥을 만들 신선한 생선입니다. 　すしを つくる しんせんな さかなです。

❹ 소고기 덮밥을 먹을 유명한 가게입니다. 　ぎゅうどんを たべる ゆうめいな みせです。

❺ 회를 만들 신선한 생선입니다. 　さしみを つくる しんせんな さかなです。

❻ 소고기 덮밥을 만들 맛있는 고기입니다. 　ぎゅうどんを つくる おいしい にくです。

❼ 와인을 마실 비싼 레스토랑입니다. 　ワインを のむ たかい レストランです。

❽ 맥주를 마실 싼 선술집입니다. 　ビールを のむ やすい いざかやです。

❾ 초밥을 먹을 맛있는 가게입니다. 　すしを たべる おいしい みせです。

❿ 가방을 살 비싼 백화점입니다. 　かばんを かう たかい デパートです。

문장 구조를 1초 만에 해석해 보자.

❶ さしみを たべる きれいな みせです。

❷ かばんを かう ゆうめいな デパートです。

❸ すしを つくる しんせんな さかなです。

❹ ぎゅうどんを たべる ゆうめいな みせです。

❺ さしみを つくる しんせんな さかなです。

❻ ぎゅうどんを つくる おいしい にくです。

❼ ワインを のむ たかい レストランです。

❽ ビールを のむ やすい いざかやです。

❾ すしを たべる おいしい みせです。

❿ かばんを かう たかい デパートです。

문장 구조를 1초 만에 일본어로 말해 보자.

❶ 회를 먹을 깨끗한 가게입니다.

❷ 가방을 살 유명한 백화점입니다.

❸ 초밥을 만들 신선한 생선입니다.

❹ 소고기 덮밥을 먹을 유명한 가게입니다.

❺ 회를 만들 신선한 생선입니다.

❻ 소고기 덮밥을 만들 맛있는 고기입니다.

❼ 와인을 마실 비싼 레스토랑입니다.

❽ 맥주를 마실 싼 선술집입니다.

❾ 초밥을 먹을 맛있는 가게입니다.

❿ 가방을 살 비싼 백화점입니다.

응용표현

이제부터 + 명사을(를) 동사할 **な**형용사한/**い**형용사인 명사입니다

= これから + 명사**を** 동사원형 **な**형용사**な**/**い**형용사 명사**です**

* '이제부터, 지금부터, 앞으로'라는 뜻의 'これから'를 연결하여 더 긴 문장을 만들 수 있습니다.

문장을 확장해 보자.

❶ 이제부터 회를 먹을 깨끗한 가게입니다.　　これから さしみを たべる きれいな みせです。

❷ 이제부터 가방을 살 유명한 백화점입니다.　　これから かばんを かう ゆうめいな デパートです。

❸ 이제부터 초밥을 만들 신선한 생선입니다.　　これから すしを つくる しんせんな さかなです。

❹ 이제부터 소고기 덮밥을 먹을 유명한 가게입니다.　これから ぎゅうどんを たべる ゆうめいな みせです。

❺ 이제부터 소고기 덮밥을 만들 맛있는 고기입니다.　これから ぎゅうどんを つくる おいしい にくです。

❻ 이제부터 와인을 마실 비싼 레스토랑입니다.　これから ワインを のむ たかい レストランです。

❼ 이제부터 맥주를 마실 싼 선술집입니다.　　これから ビールを のむ やすい いざかやです。

❽ 이제부터 초밥을 먹을 맛있는 가게입니다.　　これから すしを たべる おいしい みせです。

문장 구조를 1초 만에 해석해 보자.

❶ これから さしみを たべる きれいな みせです.
....

❷ これから かばんを かう ゆうめいな デパートです.
....

❸ これから すしを つくる しんせんな さかなです.
....

❹ これから ぎゅうどんを たべる ゆうめいな みせです.
....

❺ これから ぎゅうどんを つくる おいしい にくです.
....

❻ これから ワインを のむ たかい レストランです.
....

❼ これから ビールを のむ やすい いざかやです.
....

❽ これから すしを たべる おいしい みせです.
....

문장 구조를 1초 만에 일본어로 말해 보자.

❶ 이제부터 회를 먹을 깨끗한 가게입니다.
....

❷ 이제부터 가방을 살 유명한 백화점입니다.
....

❸ 이제부터 초밥을 만들 신선한 생선입니다.
....

❹ 이제부터 소고기 덮밥을 먹을 유명한 가게입니다.
....

❺ 이제부터 소고기 덮밥을 만들 맛있는 고기입니다.
....

❻ 이제부터 와인을 마실 비싼 레스토랑입니다.
....

❼ 이제부터 맥주를 마실 싼 선술집입니다.
....

❽ 이제부터 초밥을 먹을 맛있는 가게입니다.
....

게스트하우스에서 직원과 대화하고 있다. 🎧 MP3 12-02

직원 ビールですね。

맥주네요.

나 これから ルームメートとのむ ビールです。

이제부터 룸메이트와 마실 맥주입니다.

직원 わたしも いっしょに のみたいですが……。

저도 같이 마시고 싶습니다만…….

나 いっしょに のみましょう。

함께 마십시다.

플러스 단어

ルームメート 룸메이트 | **いっしょに(一緒に)** 같이, 함께 | **〜ましょう** ~합시다

오모시로이 니홍고 🎈

가족

가족은 한자로 家族(집 가, 겨레 족)이라고 쓰며, 일본어로는 'かぞく'라고 발음합니다. ぞ 발음에
유의하세요.

PART 13

たべない

먹지 않는다

💡 **학습 목표**

동사의 원형에서 부정 표현인 **ない**형을 만들 수 있다.

💡 **학습 포인트**

☑ 3그룹 동사의 **ない**형

☑ 2그룹 동사의 **ない**형

☑ 1그룹 동사의 **ない**형

💡 **미리보기** 🎧 MP3 13-01

たべる(食べる) 먹다 | する 하다 | くる(来る) 오다 | みる(見る) 보다 | おきる(起きる) 일어나다 | ねる(寝る) 자다

よむ(読む) 읽다 | つくる(作る) 만들다 | あるく(歩く) 걷다 | すわる(座る) 앉다 | かう(買う) 사다

あう(会う) 만나다 | たつ(立つ) 일어서다 | しぬ(死ぬ) 죽다 | しる(知る) 알다 | はいる(入る) 들어가다

にぎる(握る) 쥐다 | かえる(帰る) 돌아가다 | しゃべる 수다 떨다 | はしる(走る) 달리다 | きる(切る) 자르다

いる(要る) 필요하다

01 | 3그룹 동사의 ない형

しない, こない

✈ 3그룹 동사의 ない형은 불규칙적으로 활용됩니다. する는 '하지 않는다'라는 'しない', くる는 '오지 않는다'라는 'こない' 2개뿐이니 암기하도록 합시다.

하다 ⇒ 하지 않는다 = **する** ⇒ しない   　　오다 ⇒ 오지 않는다 = **くる** ⇒ こない

02 | 2그룹 동사의 ない형

る + ない

✈ 2그룹 동사의 ない형은 말 끝의 る를 떼고 ない를 붙여서 '동사하지 않는다'라는 반말 부정 표현이 됩니다.

보다 ⇒ 보지 않는다 = **みる** ⇒ **みない**

일어나다 ⇒ 일어나지 않는다 = **おきる** ⇒ **おきない**

먹다 ⇒ 먹지 않는다 = **たべる** ⇒ **たべない**　　자다 ⇒ 자지 않는다 = **ねる** ⇒ **ねない**

03 | 1그룹 동사의 ない형

う단 → あ단 + ない

1그룹 동사의 ない형은 마지막 글자 う단을 あ단으로 바꾸고 ない를 붙여서 '동사하지 않는다' 라는 반말 부정 표현이 됩니다. 다만 마지막 글자 う는 あ가 아니라 わ로 바꾸고 ない를 붙여야 합니다.

읽다 ⇒ 읽지 않는다 = よむ ⇒ よまない

만들다 ⇒ 만들지 않는다 = つくる ⇒ つくらない

걷다 ⇒ 걷지 않는다 = あるく ⇒ あるかない

앉다 ⇒ 앉지 않는다 = すわる ⇒ すわらない

사다 ⇒ 사지 않는다 = かう ⇒ かわない

만나다 ⇒ 만나지 않는다 = あう ⇒ あわない

연습하기 👄

동사의 원형과 **ない**형을 반복해서 연습해 보자.

❶ 사다　　かう　　　　　사지 않는다　　かわない

❷ 일어서다　　たつ　　　　　일어서지 않는다　　たたない

❸ 만들다　　つくる　　　　　만들지 않는다　　つくらない

❹ 걷다　　あるく　　　　　걷지 않는다　　あるかない

❺ 죽다　　しぬ　　　　　죽지 않는다　　しなない

❻ 보다　　みる　　　　　보지 않는다　　みない

❼ 먹다　　たべる　　　　　먹지 않는다　　たべない

❽ 자다　　ねる　　　　　자지 않는다　　ねない

❾ 하다　　する　　　　　하지 않는다　　しない

❿ 오다　　くる　　　　　오지 않는다　　こない

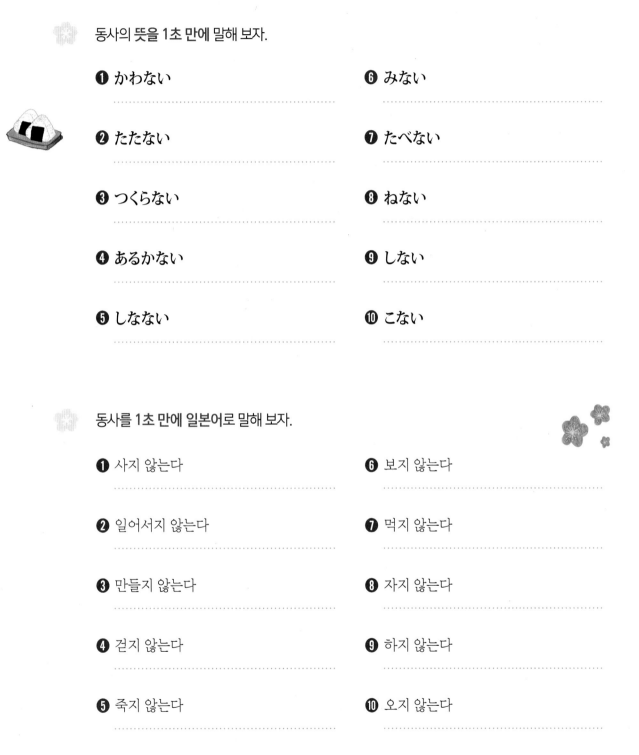

동사의 뜻을 1초 만에 말해 보자.

❶ かわない

❷ たたない

❸ つくらない

❹ あるかない

❺ しなない

❻ みない

❼ たべない

❽ ねない

❾ しない

❿ こない

동사를 1초 만에 일본어로 말해 보자.

❶ 사지 않는다

❷ 일어서지 않는다

❸ 만들지 않는다

❹ 걷지 않는다

❺ 죽지 않는다

❻ 보지 않는다

❼ 먹지 않는다

❽ 자지 않는다

❾ 하지 않는다

❿ 오지 않는다

응용표현

예외 1그룹 동사의 ない형 = う단 → あ단 + ない

* 예외 1그룹 동사의 ない형은 마지막 글자 う단을 あ단으로 바꾸고 'ない'를 붙입니다.

예외 1그룹 동사의 ない형을 연습해 보자.

❶ 알다　　　　**しる**　　　　모른다　　　　**しらない**

❷ 들어가다　　**はいる**　　　들어가지 않는다　　**はいらない**

❸ 쥐다　　　　**にぎる**　　　쥐지 않는다　　**にぎらない**

❹ 돌아가다　　**かえる**　　　돌아가지 않는다　　**かえらない**

❺ 수다 떨다　　**しゃべる**　　수다 떨지 않는다　　**しゃべらない**

❻ 달리다　　　**はしる**　　　달리지 않는다　　**はしらない**

❼ 자르다　　　**きる**　　　　자르지 않는다　　**きらない**

❽ 필요하다　　**いる**　　　　필요하지 않다　　**いらない**

예외 1그룹 동사의 뜻을 1초 만에 말해 보자.

❶ しらない

❷ はいらない

❸ にぎらない

❹ かえらない

❺ しゃべらない

❻ はしらない

❼ きらない

❽ いらない

예외 1그룹 동사를 1초 만에 일본어로 말해 보자.

❶ 모른다

❷ 들어가지 않는다

❸ 쥐지 않는다

❹ 돌아가지 않는다

❺ 수다 떨지 않는다

❻ 달리지 않는다

❼ 자르지 않는다

❽ 필요하지 않다

가게에서 오기노와 대화를 하고 있다. 🎧 MP3 13-02

나 これ かう？

이거 살 거야?

오기노 ううん、かわない。

아니, 사지 않을 거야.

나 どうして？

왜?

오기노 おかねが ないから……。

돈이 없어서…….

플러스 단어

ううん 아니 | **おかね(お金)** 돈 | **ない** 없다

오모시로이 니홍고

기온

기온은 한자로 気温(기운 기, 따뜻할 온)이라고 쓰며, 일본어로는 'きおん'이라고 발음합니다.
탁음이 아니라 청음인 것과 ん을 충분히 한 박자로 읽어주는 것에 유의하세요.

PART 14

にほんごは むずかしく ない

일본어는 어렵지 않다

💡 **학습 목표**

명사와 형용사의 반말 부정 표현인 **ない**형을 만들 수 있다.

💡 **학습 포인트**

☑ 명사 + 이(가) 아니다 = 명사 + **じゃ ない**

☑ **な**형용사 + 하지 않다 = **な**형용사 + **じゃ ない**

☑ **い**형용사 + 지 않다 = **い**형용사(**い**) + **く ない**

💡 **미리보기** 🎧 MP3 14-01

むずかしいです(難しいです) 어렵습니다 | じてんしゃ(自転車) 자전거 | しんかんせん(新幹線) 신칸센

しんせんです(新鮮です) 신선합니다 | やすいです(安いです) 쌉니다 | べんりです(便利です) 편리합니다

ふべんです(不便です) 불편합니다 | しずかです(静かです) 조용합니다 | あまいです(甘いです) 답니다

ゆうめいです(有名です) 유명합니다 | ホテル 호텔 | ひろいです(広いです) 넓습니다

せまいです(狭いです) 좁습니다 | からいです(辛いです) 맵습니다 | はやいです(速いです) 빠릅니다

01 명사의 반말 부정 표현

명사 + 이(가) 아니다 = 명사 + じゃ ない

✈ '명사이(가) 아닙니다'는 '명사じゃ ありません'이었습니다. 'ありません' 대신 'ない'를 붙이
면 '명사이(가) 아니다'라는 반말 부정 표현이 됩니다.

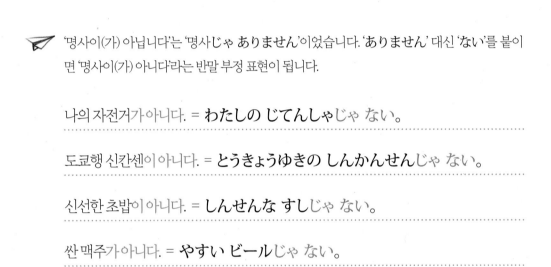

나의 자전거가 아니다. = わたしの じてんしゃじゃ ない。

도쿄행 신칸센이 아니다. = とうきょうゆきの しんかんせんじゃ ない。

신선한 초밥이 아니다. = しんせんな すしじゃ ない。

싼 맥주가 아니다. = やすい ビールじゃ ない。

な형용사 + 하지 않다 = **な**형용사 + じゃ ない

'な형용사하지 않습니다'는 'な형용사じゃ ありません'이었습니다. 'ありません' 대신 'ない'를 붙이면 'な형용사하지 않다'라는 반말 부정 표현이 됩니다.

자전거는 편리하지 않다. = じてんしゃは べんりじゃ ない。

택시는 불편하지 않다. = **タクシーは ふべんじゃ ない。**

서울은 조용하지 않다. = **ソウルは しずかじゃ ない。**

이 초밥은 신선하지 않다. = **この すしは しんせんじゃ ない。**

문장 구조를 반복해서 연습해 보자.

❶ 나의 자전거가 아니다.　　　　　　わたしの じてんしゃじゃ ない。

❷ 도쿄행 신칸센이 아니다.　　　　　とうきょうゆきの しんかんせんじゃ ない。

❸ 신선한 초밥이 아니다.　　　　　　しんせんな すしじゃ ない。

❹ 싼 맥주가 아니다.　　　　　　　　やすい ビールじゃ ない。

❺ 단 커피가 아니다.　　　　　　　　あまい コーヒーじゃ ない。

❻ 자전거는 편리하지 않다.　　　　　じてんしゃは べんりじゃ ない。

❼ 택시는 불편하지 않다.　　　　　　タクシーは ふべんじゃ ない。

❽ 서울은 조용하지 않다.　　　　　　ソウルは しずかじゃ ない。

❾ 이 초밥은 신선하지 않다.　　　　　この すしは しんせんじゃ ない。

❿ 저 커피는 유명하지 않다.　　　　　あの コーヒーは ゆうめいじゃ ない。

문장 구조를 1초 만에 해석해 보자.

❶ わたしの じてんしゃじゃ ない。

❷ とうきょうゆきの しんかんせんじゃ ない。

❸ しんせんな すしじゃ ない。

❹ やすい ビールじゃ ない。

❺ あまい コーヒーじゃ ない。

❻ じてんしゃは べんりじゃ ない。

❼ タクシーは ふべんじゃ ない。

❽ ソウルは しずかじゃ ない。

❾ この すしは しんせんじゃ ない。

❿ あの コーヒーは ゆうめいじゃ ない。

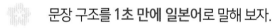

문장 구조를 1초 만에 일본어로 말해 보자.

❶ 나의 자전거가 아니다.

❷ 도쿄행 신칸센이 아니다.

❸ 신선한 초밥이 아니다.

❹ 싼 맥주가 아니다.

❺ 단 커피가 아니다.

❻ 자전거는 편리하지 않다.

❼ 택시는 불편하지 않다.

❽ 서울은 조용하지 않다.

❾ 이 초밥은 신선하지 않다.

❿ 저 커피는 유명하지 않다.

응용표현

い형용사 + 지 않다 = い형용사(い) + く ない

* 'い형용사지 않습니다'는 'い형용사(い)く ありません'이었습니다. 'ありません' 대신 'ない'를 붙이면 'い형용사 지 않다'라는 반말 부정 표현이 됩니다.

❀ 문장을 확장해 보자.

❶ 이 호텔은 넓지 않다.　　　　　この ホテルは ひろく ない。

❷ 저 호텔은 좁지 않다.　　　　　あの ホテルは せまく ない。

❸ 이 커피는 달지 않다.　　　　　この コーヒーは あまく ない。

❹ 저 라면은 맵지 않다.　　　　　あの ラーメンは からく ない。

❺ 이 가게는 싸지 않다.　　　　　この みせは やすく ない。

❻ 저 가게는 비싸지 않다.　　　　　あの みせは たかく ない。

❼ 이 초밥은 맛있지 않다.　　　　　この すしは おいしく ない。

❽ 버스는 빠르지 않다.　　　　　バスは はやく ない。

문장 구조를 1초 만에 해석해 보자.

❶ この ホテルは ひろく ない。

❷ あの ホテルは せまく ない。

❸ この コーヒーは あまく ない。

❹ あの ラーメンは からく ない。

❺ この みせは やすく ない。

❻ あの みせは たかく ない。

❼ この すしは おいしく ない。

❽ バスは はやく ない。

문장 구조를 1초 만에 일본어로 말해 보자.

❶ 이 호텔은 넓지 않다.

❷ 저 호텔은 좁지 않다.

❸ 이 커피는 달지 않다.

❹ 저 라면은 맵지 않다.

❺ 이 가게는 싸지 않다.

❻ 저 가게는 비싸지 않다.

❼ 이 초밥은 맛있지 않다.

❽ 버스는 빠르지 않다.

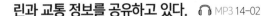

린과 교통 정보를 공유하고 있다. 🎧 MP3 14-02

린 おおさかゆきは バスが べんりかな？

오사카행은 버스가 편리할까?

나 バスは べんりじゃ ないよ。そのかわり、たかくない。

버스는 편리하지 않아. 그 대신, 비싸지 않아.

린 じゃ、しんかんせんは？

그럼 신칸센은?

나 しんかんせんは とても はやいよ。

そのかわり、たかいよ。　신칸센은 무척 빠르지. 그 대신 비싸.

플러스 단어

そのかわり(その代わり) 그 대신

오모시로이 니홍고

온도

온도는 한자로 温度(따뜻할 온, 법도 도)라고 쓰며, 일본어로는 'おんど'라고 발음합니다. ん을
충분히 한 박자로 읽어주는 것에 유의하세요.

PART 15

たべないで ください

먹지 말아 주세요

💡 **학습 목표**

동사의 **ない**형을 사용해서 금지 표현을 말할 수 있다.

💡 **학습 포인트**

☑ 동사 + 하지 마 = 동사 **ない**형 + **で**

☑ 동사 + 하지 말아 주세요 = 동사 **ない**형 + **で ください**

💡 **미리보기** 🎧 MP3 15-01

たべる(食べる) 먹다 | のむ(飲む) 마시다 | はなす(話す) 이야기하다 | かう(買う) 사다 | いく(行く) 가다

たつ(立つ) 일어서다 | すてる(捨てる) 버리다 | さわる(触る) 만지다 | きる(切る) 자르다

はいる(入る) 들어가다 | ぜったいに(絶対に) 절대로 | しゃべる 수다 떨다

01 | 동사의 반말 금지 표현

동사 + 하지 마 = 동사ない형 + で

✈ 동사ない형에 'で'를 연결하면 '동사하지 마'라는 금지 표현이 됩니다.

마시지 마. = のまないで。

먹지 마. = たべないで。

이야기하지 마. = はなさないで。

사지 마. = かわないで。

02 | 동사의 존댓말 금지 표현

동사 + 하지 말아 주세요 = 동사ない형 + でください

동사ない형에 'で'를 연결한 '동사하지 마'에 '주세요'라는 뜻의 'ください'를 붙이면 '동사하지 말아 주세요'라는 금지 표현이 됩니다.

가지 말아 주세요. = **いか**ないで ください。

일어서지 말아 주세요. = **たた**ないで ください。

버리지 말아 주세요. = **すて**ないで ください。

만지지 말아 주세요. = **さわら**ないで ください。

❀ 문장 구조를 반복해서 연습해 보자.

❶ 마시지 마.   のまないで。

❷ 먹지 마.   たべないで。

❸ 이야기하지 마.   はなさないで。

❹ 사지 마.   かわないで。

❺ 자르지 마.   きらないで。

❻ 가지 말아 주세요.   いかないで ください。

❼ 일어서지 말아 주세요.   たたないで ください。

❽ 버리지 말아 주세요.   すてないで ください。

❾ 만지지 말아 주세요.   さわらないで ください。

❿ 들어가지 말아 주세요.   はいらないで ください。

문장 구조를 1초 만에 해석해 보자.

❶ のまないで。

❻ いかないで ください。

❷ たべないで。

❼ たたないで ください。

❸ はなさないで。

❽ すてないで ください。

❹ かわないで。

❾ さわらないで ください。

❺ きらないで。

❿ はいらないで ください。

문장 구조를 1초 만에 일본어로 말해 보자.

❶ 마시지 마.

❻ 가지 말아 주세요.

❷ 먹지 마.

❼ 일어서지 말아 주세요.

❸ 이야기하지 마.

❽ 버리지 말아 주세요.

❹ 사지 마.

❾ 만지지 말아 주세요.

❺ 자르지 마.

❿ 들어가지 말아 주세요.

응용하기 ⚡

응용표현

절대로 + 동사하지 말아 주세요

= ぜったいに + 동사ないでください

* '절대로'란 뜻의 'ぜったいに'를 연결하여 더욱 더 강경하게 금지하는 표현을 만들 수 있습니다.

❀ 문장을 확장해 보자.

❶ 절대로 마시지 말아 주세요.　　　　ぜったいに のまないで ください。

❷ 절대로 먹지 말아 주세요.　　　　　ぜったいに たべないで ください。

❸ 절대로 이야기하지 말아 주세요.　　ぜったいに はなさないで ください。

❹ 절대로 사지 말아 주세요.　　　　　ぜったいに かわないで ください。

❺ 절대로 가지 말아 주세요.　　　　　ぜったいに いかないで ください。

❻ 절대로 자르지 말아 주세요.　　　　ぜったいに きらないで ください。

❼ 절대로 들어가지 말아 주세요.　　　ぜったいに はいらないで ください。

❽ 절대로 수다 떨지 말아 주세요.　　　ぜったいに しゃべらないで ください。

문장 구조를 1초 만에 해석해 보자.

❶ ぜったいに のまないで ください。

❺ ぜったいに いかないで ください。

❷ ぜったいに たべないで ください。

❻ ぜったいに きらないで ください。

❸ ぜったいに はなさないで ください。

❼ ぜったいに はいらないで ください。

❹ ぜったいに かわないで ください。

❽ ぜったいに しゃべらないで ください。

문장 구조를 1초 만에 일본어로 말해 보자.

❶ 절대로 마시지 말아 주세요.

❺ 절대로 가지 말아 주세요.

❷ 절대로 먹지 말아 주세요.

❻ 절대로 자르지 말아 주세요.

❸ 절대로 이야기하지 말아 주세요.

❼ 절대로 들어가지 말아 주세요.

❹ 절대로 사지 말아 주세요.

❽ 절대로 수다 떨지 말아 주세요.

게스트하우스에서 직원에게 제지를 당하고 있다. 🎧 MP3 15-02

직원 へやで おさけを のまないで ください。

방에서 술을 마시지 말아 주세요.

나 はい、すみません。

どこで おさけを のむことが できますか？

네, 죄송합니다. 어디에서 술을 마실 수 있습니까?

직원 ロビーで のむことが できます。

로비에서 마실 수 있습니다.

나 はい、これからは ロビーで のみます。

네, 이제부터는 로비에서 마시겠습니다.

플러스 단어

へや(部屋) 방 | **おさけ(お酒)** 술 | **ロビー** 로비

오모시로이 니홍고

3대 축제

축제는 일본어로 '마쓰리'라고 하는데, 일본에는 3대 축제가 있습니다. 교토의 '기온마쓰리'는 천년 이상 된 가장 전통 있는 축제입니다. 오사카의 '덴진마쓰리'는 강에 떠다니는 화려한 배와 불꽃놀이가 유명합니다. 마지막으로 도쿄의 '간다마쓰리'는 에도의 3대 축제로 불리기도 합니다.

실력업그레이드3

✏️ PART 11에서 PART 15까지 배웠던 문형을 복습해 봅시다.

PART 11 ゆうめいなラーメンをつくるラーメンやです

• 명사을(를) + 동사하는 + 명사입니다 = 명사を + 동사원형 + 명사です

• な형용사한/い형용사인 + 명사을(를) + 동사하는 + 명사입니다

  = な형용사な/い형용사 + 명사を + 동사원형 + 명사です

PART 12 プレゼントをかうゆうめいなデパートです

• 명사을(를) + 동사할 + な형용사한 + 명사입니다 = 명사を + 동사원형 + な형용사な + 명사です

• 명사을(를) + 동사할 + い형용사인 + 명사입니다 = 명사を + 동사원형 + い형용사 + 명사です

PART 13 たべない

• 3그룹 동사의 ない형

• 2그룹 동사의 ない형

• 1그룹 동사의 ない형

PART 14 にほんごはむずかしくない

• 명사 + 이(가) 아니다 = 명사 + じゃない

• な형용사 + 하지 않다 = な형용사 + じゃない

• い형용사 + 지 않다 = い형용사(い) + くない

PART 15 たべないでください

• 동사 + 하지 마 = 동사 ない형 + で

• 동사 + 하지 말아 주세요 = 동사 ない형 + でください

앞에서 배웠던 문형에 추가 단어들을 적용해 연습해 봅시다.

읽는 법	한자	품사	뜻
おもしろいです	面白いです	い형용사	재미있습니다
えいが	映画	명사	영화
かんとく	監督	명사	감독
ふるいです	古いです	い형용사	낡았습니다
うる	売る	동사	팔다
ほんや	本屋	명사	서점
にんき	人気	명사	인기
めずらしいです	珍しいです	い형용사	드뭅니다
りゅうがくをする	留学をする	동사	유학을 하다
しずかです	静かです	な형용사	조용합니다
がっこう	学校	명사	학교
べんきょうをする	勉強をする	동사	공부를 하다
としょかん	図書館	명사	도서관
だいじです	大事です	な형용사	중요합니다

읽는 법	한자	품사	뜻
ボールあそびをする	ボール遊びを する	동사	공놀이를 하다
ひろいです	広いです	い형용사	넓습니다
ひろば	広場	명사	광장
わたる	渡る	동사	건너다
きづく	気づく	동사	눈치채다
かよう	通う	동사	다니다
きく	聞く	동사	듣다, 묻다
とまる	止まる	동사	멈추다
よぶ	呼ぶ	동사	부르다
おもう	思う	동사	생각하다
きにいる	気に 入る	동사	마음에 들다
おしえる	教える	동사	가르치다
きめる	決める	동사	정하다
きずつける	傷つける	동사	상처입히다

읽는 법	한자	품사	뜻
きんちょうする	緊張する	동사	긴장하다
おとこのひと	男の人	명사	남자
おんなのひと	女の人	명사	여자
ゆうえんち	遊園地	명사	놀이공원
コンビニ		명사	편의점
ひまです	暇です	な형용사	한가합니다
にぎやかです	賑やかです	な형용사	번화합니다, 활기찹니다
しあわせです	幸せです	な형용사	행복합니다
じゅうぶんです	十分です	な형용사	충분합니다
ふかいです	深いです	い형용사	깊습니다
うらやましいです	羨ましいです	い형용사	부럽습니다
なつかしいです	懐かしいです	い형용사	그립습니다
はずかしいです	恥ずかしいです	い형용사	부끄럽습니다

PART 16

たべなくても いいです

먹지 않아도 좋습니다

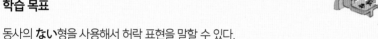

🎑 **학습 목표**

동사의 **ない**형을 사용해서 허락 표현을 말할 수 있다.

🎑 **학습 포인트**

☑ 동사 + 하지 않아도 좋습니다 = 동사 **ない**형(**ない**) + **なくてもいいです**

☑ 동사 + 하지 않아도 좋습니까? = 동사 **ない**형(**ない**) + **なくてもいいですか?**

🎑 **미리보기** 🎧 MP3 16-01

たべる(食べる) 먹다 | **つくる(作る)** 만들다 | **はなす(話す)** 이야기하다 | **いく(行く)** 가다

まつ(待つ) 기다리다 | **ほんとうに(本当に)** 정말로, 진짜로

01 | 동사의 허락 표현

동사 + 하지 않아도 좋습니다 = 동사**ない**형(**ない**) + **なくてもいいです**

✈ 동사의 **ない**형에서 'ない'를 삭제한 형태에 'なくてもいいです'를 연결하면 '동사하지 않아도 좋습니다', '동사하지 않아도 됩니다'라는 허락 표현이 됩니다.

만들지 않아도 좋습니다. = **つく**らなくても いいです。
....

이야기하지 않아도 좋습니다. = **はなさ**なくても いいです。
....

가지 않아도 좋습니다. = **いか**なくても いいです。
....

기다리지 않아도 좋습니다. = **また**なくても いいです。
....

동사 + 하지 않아도 좋습니까? = 동사**ない**형(**ない**) + **なくてもいいですか?**

'동사なくてもいいです' 뒤에 'か'를 붙이면 '동사하지 않아도 좋습니까?', '동사하지 않아도 됩니까?'라는 의문문이 되어 허락을 구할 때 사용합니다.

만들지 않아도 좋습니까? = **つくらなくても いいですか?**

이야기하지 않아도 좋습니까? = **はなさなくても いいですか?**

가지 않아도 좋습니까? = **いかなくても いいですか?**

기다리지 않아도 좋습니까? = **またなくても いいですか?**

문장 구조를 반복해서 연습해 보자.

❶ 만들지 않아도 좋습니다.　　　　つくらなくても いいです。

❷ 이야기하지 않아도 좋습니다.　　　はなさなくても いいです。

❸ 가지 않아도 좋습니다.　　　　　　いかなくても いいです。

❹ 기다리지 않아도 좋습니다.　　　　またなくても いいです。

❺ 먹지 않아도 좋습니다.　　　　　　たべなくても いいです。

❻ 만들지 않아도 좋습니까?　　　　　つくらなくても いいですか?

❼ 이야기하지 않아도 좋습니까?　　　はなさなくても いいですか?

❽ 가지 않아도 좋습니까?　　　　　　いかなくても いいですか?

❾ 기다리지 않아도 좋습니까?　　　　またなくても いいですか?

❿ 먹지 않아도 좋습니까?　　　　　　たべなくても いいですか?

문장 구조를 1초 만에 **해석해** 보자.

❶ つくらなくても いいです。
⬚⬚⬚⬚⬚⬚⬚⬚⬚⬚⬚⬚⬚⬚⬚⬚⬚⬚⬚⬚

❷ はなさなくても いいです。
⬚⬚⬚⬚⬚⬚⬚⬚⬚⬚⬚⬚⬚⬚⬚⬚⬚⬚⬚⬚

❸ いかなくても いいです。
⬚⬚⬚⬚⬚⬚⬚⬚⬚⬚⬚⬚⬚⬚⬚⬚⬚⬚⬚⬚

❹ またなくても いいです。
⬚⬚⬚⬚⬚⬚⬚⬚⬚⬚⬚⬚⬚⬚⬚⬚⬚⬚⬚⬚

❺ たべなくても いいです。
⬚⬚⬚⬚⬚⬚⬚⬚⬚⬚⬚⬚⬚⬚⬚⬚⬚⬚⬚⬚

❻ つくらなくても いいですか?
⬚⬚⬚⬚⬚⬚⬚⬚⬚⬚⬚⬚⬚⬚⬚⬚⬚⬚⬚⬚

❼ はなさなくても いいですか?
⬚⬚⬚⬚⬚⬚⬚⬚⬚⬚⬚⬚⬚⬚⬚⬚⬚⬚⬚⬚

❽ いかなくても いいですか?
⬚⬚⬚⬚⬚⬚⬚⬚⬚⬚⬚⬚⬚⬚⬚⬚⬚⬚⬚⬚

❾ またなくても いいですか?
⬚⬚⬚⬚⬚⬚⬚⬚⬚⬚⬚⬚⬚⬚⬚⬚⬚⬚⬚⬚

❿ たべなくても いいですか?
⬚⬚⬚⬚⬚⬚⬚⬚⬚⬚⬚⬚⬚⬚⬚⬚⬚⬚⬚⬚

문장 구조를 1초 만에 **일본어로 말해** 보자.

❶ 만들지 않아도 좋습니다.
⬚⬚⬚⬚⬚⬚⬚⬚⬚⬚⬚⬚⬚⬚⬚⬚⬚⬚⬚⬚

❷ 이야기하지 않아도 좋습니다.
⬚⬚⬚⬚⬚⬚⬚⬚⬚⬚⬚⬚⬚⬚⬚⬚⬚⬚⬚⬚

❸ 가지 않아도 좋습니다.
⬚⬚⬚⬚⬚⬚⬚⬚⬚⬚⬚⬚⬚⬚⬚⬚⬚⬚⬚⬚

❹ 기다리지 않아도 좋습니다.
⬚⬚⬚⬚⬚⬚⬚⬚⬚⬚⬚⬚⬚⬚⬚⬚⬚⬚⬚⬚

❺ 먹지 않아도 좋습니다.
⬚⬚⬚⬚⬚⬚⬚⬚⬚⬚⬚⬚⬚⬚⬚⬚⬚⬚⬚⬚

❻ 만들지 않아도 좋습니까?
⬚⬚⬚⬚⬚⬚⬚⬚⬚⬚⬚⬚⬚⬚⬚⬚⬚⬚⬚⬚

❼ 이야기하지 않아도 좋습니까?
⬚⬚⬚⬚⬚⬚⬚⬚⬚⬚⬚⬚⬚⬚⬚⬚⬚⬚⬚⬚

❽ 가지 않아도 좋습니까?
⬚⬚⬚⬚⬚⬚⬚⬚⬚⬚⬚⬚⬚⬚⬚⬚⬚⬚⬚⬚

❾ 기다리지 않아도 좋습니까?
⬚⬚⬚⬚⬚⬚⬚⬚⬚⬚⬚⬚⬚⬚⬚⬚⬚⬚⬚⬚

❿ 먹지 않아도 좋습니까?
⬚⬚⬚⬚⬚⬚⬚⬚⬚⬚⬚⬚⬚⬚⬚⬚⬚⬚⬚⬚

응용표현

정말로/진짜로 + 동사하지 않아도 좋습니다

= ほんとうに + 동사なくてもいいです

* 'ほんとうに'는 '정말로', '진짜로'라는 뜻의 부사입니다.

문장을 확장해 보자.

❶ 정말로 만들지 않아도 좋습니다.   ほんとうに つくらなくても いいです。

❷ 정말로 이야기하지 않아도 좋습니다.   ほんとうに はなさなくても いいです。

❸ 정말로 가지 않아도 좋습니다.   ほんとうに いかなくても いいです。

❹ 정말로 기다리지 않아도 좋습니다.   ほんとうに またなくても いいです。

❺ 정말로 만들지 않아도 좋습니까?   ほんとうに つくらなくても いいですか?

❻ 정말로 이야기하지 않아도 좋습니까?   ほんとうに はなさなくても いいですか?

❼ 정말로 가지 않아도 좋습니까?   ほんとうに いかなくても いいですか?

❽ 정말로 기다리지 않아도 좋습니까?   ほんとうに またなくても いいですか?

문장 구조를 1초 만에 해석해 보자.

❶ ほんとうに つくらなくても いいです。

❺ ほんとうに つくらなくても いいですか?

❷ ほんとうに はなさなくても いいです。

❻ ほんとうに はなさなくても いいですか?

❸ ほんとうに いかなくても いいです。

❼ ほんとうに いかなくても いいですか?

❹ ほんとうに またなくても いいです。

❽ ほんとうに またなくても いいですか?

문장 구조를 1초 만에 일본어로 말해 보자.

❶ 정말로 만들지 않아도 좋습니다.

❺ 정말로 만들지 않아도 좋습니까?

❷ 정말로 이야기하지 않아도 좋습니다.

❻ 정말로 이야기하지 않아도 좋습니까?

❸ 정말로 가지 않아도 좋습니다.

❼ 정말로 가지 않아도 좋습니까?

❹ 정말로 기다리지 않아도 좋습니다.

❽ 정말로 기다리지 않아도 좋습니까?

말해보기

관광 안내소 직원에게 길을 물어보고 있다. MP3 16-02

나 (지도를 가리키며) ここは えきから とおいですか？

여기는 역에서부터 멉니까?

직원 ああ、ここですか？　はい、ここは とおいです。

아, 여기말입니까? 네, 여기는 멉니다.

나 ほんとうですか？

とほで どのくらいですか？

정말입니까? 도보로 어느 정도입니까?

직원 あるかなくても いいです。

バスが ありますよ。　걷지 않아도 됩니다. 버스가 있어요.

플러스 단어

えき(駅) 역 │ **とおいです(遠いです)** 멉니다 │ **とほ(徒歩)** 도보 │ **〜で** ~로

오모시로이 니홍고

무시

무시는 한자로 無視(없을 무, 볼 시)라고 쓰며, 일본어로는 '무し'라고 발음합니다. 우리말과 발음이 같으므로 쉽게 암기할 수 있겠죠?

PART 17

にほんごじゃ なくても いいです

일본어가 아니어도 좋습니다

💡 **학습 목표**

명사와 형용사를 사용해서 허락 표현을 말할 수 있다.

💡 **학습 포인트**

☑ 명사 + 이(가) 아니어도 좋습니다 = 명사 + じゃ なくても いいです

☑ な형용사 + 하지 않아도 좋습니다 = な형용사 + じゃ なくても いいです

☑ い형용사 + 지 않아도 좋습니다 = い형용사(い) + く なくても いいです

💡 **미리보기** 🎧 MP3 17-01

ひこうき(飛行機) 비행기 | おんせん(温泉) 온천 | べんりです(便利です) 편리합니다

しずかです(静かです) 조용합니다 | ひろいです(広いです) 넓습니다 | ちかいです(近いです) 가깝습니다

しんせつです(親切です) 친절합니다 | からいです(辛いです) 맵습니다 | あまいです(甘いです) 답니다

---

01 | 명사의 허락 표현

명사 + 이(가) 아니어도 좋습니다 = 명사 + じゃ なくても いいです

✈ '명사じゃない'에서 'ない' 대신 'なくても いいです'를 연결하면 '명사이(가) 아니어도 좋습니다', '명사이(가) 아니어도 됩니다'라는 허락 표현이 됩니다.

비행기가 아니어도 좋습니다. = **ひこうきじゃ なくても いいです。**

온천이 아니어도 좋습니다. = **おんせんじゃ なくても いいです。**

일본어가 아니어도 좋습니다. = **にほんごじゃ なくても いいです。**

な형용사 + 하지 않아도 좋습니다 = な형용사 + じゃ なくても いいです

い형용사 + 지 않아도 좋습니다 = い형용사(い) + く なくても いいです

'な형용사じゃ ない'에서 'ない'대신 'なくても いいです'를, 'い형용사(い)くない'에서 'ない' 대신 'なくても いいです'를 연결하면 '형용사하지 않아도 좋습니다', '형용사하지 않아도 됩니다' 라는 허락 표현이 됩니다.

편리하지 않아도 좋습니다. = べんりじゃ なくても いいです。

조용하지 않아도 좋습니다. = しずかじゃ なくても いいです。

넓지 않아도 좋습니다. = ひろく なくても いいです。

가깝지 않아도 좋습니다. = ちかく なくても いいです。

연습하기 👄

문장 구조를 반복해서 연습해 보자.

❶ 비행기가 아니어도 좋습니다.   ひこうきじゃ なくても いいです。

❷ 온천이 아니어도 좋습니다.   おんせんじゃ なくても いいです。

❸ 일본어가 아니어도 좋습니다.   にほんごじゃ なくても いいです。

❹ 편리하지 않아도 좋습니다.   べんりじゃ なくても いいです。

❺ 조용하지 않아도 좋습니다.   しずかじゃ なくても いいです。

❻ 친절하지 않아도 좋습니다.   しんせつじゃ なくても いいです。

❼ 가깝지 않아도 좋습니다.   ちかく なくても いいです。

❽ 맵지 않아도 좋습니다.   からく なくても いいです。

❾ 넓지 않아도 좋습니다.   ひろく なくても いいです。

❿ 달지 않아도 좋습니다.   あまく なくても いいです。

문장 구조를 1초 만에 해석해 보자.

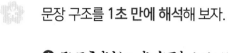

❶ ひこうきじゃ なくても いいです。

❷ おんせんじゃ なくても いいです。

❸ にほんごじゃ なくても いいです。

❹ べんりじゃ なくても いいです。

❺ しずかじゃ なくても いいです。

❻ しんせつじゃ なくても いいです。

❼ ちかく なくても いいです。

❽ からく なくても いいです。

❾ ひろく なくても いいです。

❿ あまく なくても いいです。

문장 구조를 1초 만에 일본어로 말해 보자.

❶ 비행기가 아니어도 좋습니다.

❷ 온천이 아니어도 좋습니다.

❸ 일본어가 아니어도 좋습니다.

❹ 편리하지 않아도 좋습니다.

❺ 조용하지 않아도 좋습니다.

❻ 친절하지 않아도 좋습니다.

❼ 가깝지 않아도 좋습니다.

❽ 맵지 않아도 좋습니다.

❾ 넓지 않아도 좋습니다.

❿ 달지 않아도 좋습니다.

문장을 확장해 보자.

❶ 비행기가 아니어도 좋습니까?   ひこうきじゃ なくても いいですか?

❷ 온천이 아니어도 좋습니까?   おんせんじゃ なくても いいですか?

❸ 일본어가 아니어도 좋습니까?   にほんごじゃ なくても いいですか?

❹ 편리하지 않아도 좋습니까?   べんりじゃ なくても いいですか?

❺ 조용하지 않아도 좋습니까?   しずかじゃ なくても いいですか?

❻ 맵지 않아도 좋습니까?   からく なくても いいですか?

❼ 넓지 않아도 좋습니까?   ひろく なくても いいですか?

❽ 달지 않아도 좋습니까?   あまく なくても いいですか?

문장 구조를 1초 만에 해석해 보자.

❶ ひこうきじゃ なくても いいですか?
....

❷ おんせんじゃ なくても いいですか?
....

❸ にほんごじゃ なくても いいですか?
....

❹ べんりじゃ なくても いいですか?
....

❺ しずかじゃ なくても いいですか?
....

❻ からく なくても いいですか?
....

❼ ひろく なくても いいですか?
....

❽ あまく なくても いいですか?
....

문장 구조를 1초 만에 일본어로 말해 보자.

❶ 비행기가 아니어도 좋습니까?
....

❷ 온천이 아니어도 좋습니까?
....

❸ 일본어가 아니어도 좋습니까?
....

❹ 편리하지 않아도 좋습니까?
....

❺ 조용하지 않아도 좋습니까?
....

❻ 맵지 않아도 좋습니까?
....

❼ 넓지 않아도 좋습니까?
....

❽ 달지 않아도 좋습니까?
....

게스트하우스 직원에게 일본 음식을 추천 받고 있다. 🎧 MP3 17-02

나 とても からい ものが たべたいですが……。

どこが いいですか?   아주 매운 것이 먹고 싶습니다만……. 어디가 괜찮습니까?

직원 にほんは そんなに からい ものは ありませんよ。

일본은 그렇게 매운 것은 없는데요.

나 そんなに からく なくても いいです。

그렇게 맵지 않아도 좋습니다.

직원 それなら、となりの ちゅうかりょうりも

いいですよ。   그렇다면 옆집 중화요리도 괜찮아요.

플러스 단어

とても 아주 │ **どこ** 어디 │ **そんなに** 그렇게 │ **となり** 옆집 │ **ちゅうかりょうり(中華料理)** 중화요리

오모시로이 니홍고

도구

도구는 한자로 道具(길 도, 갖출 구)라고 쓰며, 일본어로는 'どうぐ'라고 발음합니다. どう라고
길게 장음으로 읽는 것에 유의하세요.

PART 18

たべない ほうが いいです

먹지 않는 편이 좋습니다

💡 **학습 목표**

동사와 형용사를 사용해서 충고 표현을 말할 수 있다.

💡 **학습 포인트**

☑ 동사 + 하지 않는 편이 좋습니다 = 동사 **ない**형 + **ほうが いいです**

☑ な형용사 + 하지 않은 편이 좋습니다 = **な**형용사 + **じゃ ない ほうが いいです**

☑ い형용사 + 지 않은 편이 좋습니다 = **い**형용사(**い**) + **く ない ほうが いいです**

💡 **미리보기** 🎧 MP3 18-01

たべる(食べる) 먹다 | かう(買う) 사다 | のむ(飲む) 마시다 | しずかです(静かです) 조용합니다

ふべんです(不便です) 불편합니다 | たかいです(高いです) 비쌉니다 | からいです(辛いです) 맵습니다

いく(行く) 가다 | たつ(立つ) 일어서다 | すてる(捨てる) 버리다 | さわる(触る) 만지다

かえる(帰る) 돌아가다 | しる(知る) 알다 | しゃべる 수다 떨다 | いま(今) 지금

01 | 동사의 충고 표현

동사 + 하지 않는 편이 좋습니다 = 동사ない형 + ほうが いいです

✈ 동사ない형에 'ほうが いいです'를 연결하면 '동사하지 않는 편이 좋습니다'라는 충고 표현이 됩니다.

사지 않는 편이 좋습니다. = **かわ**ない ほうが いいです。
....

마시지 않는 편이 좋습니다. = **のま**ない ほうが いいです。
....

먹지 않는 편이 좋습니다. = **たべ**ない ほうが いいです。
....

가지 않는 편이 좋습니다. = **いか**ない ほうが いいです。
....

な형용사 + 하지 않은 편이 좋습니다 = な형용사 + じゃ ない ほうが いいです

い형용사 + 지 않은 편이 좋습니다 = い형용사(い) + く ない ほうが いいです

'な형용사じゃ ない'와 'い형용사(い)く ない'에 'ほうが いいです'를 연결하면 '형용사하지 않은
편이 좋습니다'라는 충고 표현이 됩니다.

조용하지 않은 편이 좋습니다. = しずかじゃ ない ほうが いいです。

불편하지 않은 편이 좋습니다. = ふべんじゃ ないほうが いいです。

비싸지 않은 편이 좋습니다. = たかく ない ほうが いいです。

맵지 않은 편이 좋습니다. = からく ないほうが いいです。

문장 구조를 반복해서 연습해 보자.

❶ 먹지 않는 편이 좋습니다.　　　　　　たべない ほうが いいです。

❷ 가지 않는 편이 좋습니다.　　　　　　いかない ほうが いいです。

❸ 일어서지 않는 편이 좋습니다.　　　　たたない ほうが いいです。

❹ 버리지 않는 편이 좋습니다.　　　　　すてない ほうが いいです。

❺ 만지지 않는 편이 좋습니다.　　　　　さわらない ほうが いいです。

❻ 돌아가지 않는 편이 좋습니다.　　　　かえらない ほうが いいです。

❼ 모르는 편이 좋습니다.　　　　　　　しらない ほうが いいです。

❽ 수다 떨지 않는 편이 좋습니다.　　　しゃべらない ほうが いいです。

❾ 조용하지 않은 편이 좋습니다.　　　　しずかじゃ ない ほうが いいです。

❿ 비싸지 않은 편이 좋습니다.　　　　　たかく ない ほうが いいです。

문장 구조를 1초 만에 해석해 보자.

❶ たべない ほうが いいです。
....

❷ いかない ほうが いいです。
....

❸ たたない ほうが いいです。
....

❹ すてない ほうが いいです。
....

❺ さわらない ほうが いいです。
....

❻ かえらない ほうが いいです。
....

❼ しらない ほうが いいです。
....

❽ しゃべらない ほうが いいです。
....

❾ しずかじゃ ない ほうが いいです。
....

❿ たかく ない ほうが いいです。
....

문장 구조를 1초 만에 일본어로 말해 보자.

❶ 먹지 않는 편이 좋습니다.
....

❷ 가지 않는 편이 좋습니다.
....

❸ 일어서지 않는 편이 좋습니다.
....

❹ 버리지 않는 편이 좋습니다.
....

❺ 만지지 않는 편이 좋습니다.
....

❻ 돌아가지 않는 편이 좋습니다.
....

❼ 모르는 편이 좋습니다.
....

❽ 수다 떨지 않는 편이 좋습니다.
....

❾ 조용하지 않은 편이 좋습니다.
....

❿ 비싸지 않은 편이 좋습니다.
....

응용표현

지금은 + 동사하지 않는 편이 좋습니다

= いまは + 동사**ない ほうが いいです**

* '지금은'이라는 뜻의 'いまは'를 사용해서 현재 동사하지 않아야 한다는 충고를 할 수 있습니다.

 문장을 확장해 보자.

❶ 지금은 먹지 않는 편이 좋습니다.   いまは たべない ほうが いいです。

❷ 지금은 가지 않는 편이 좋습니다.   いまは いかない ほうが いいです。

❸ 지금은 일어서지 않는 편이 좋습니다.   いまは たたない ほうが いいです。

❹ 지금은 버리지 않는 편이 좋습니다.   いまは すてない ほうが いいです。

❺ 지금은 만지지 않는 편이 좋습니다.   いまは さわらない ほうが いいです。

❻ 지금은 돌아가지 않는 편이 좋습니다.   いまは かえらない ほうが いいです。

❼ 지금은 모르는 편이 좋습니다.   いまは しらない ほうが いいです。

❽ 지금은 수다 떨지 않는 편이 좋습니다. いまは しゃべらない ほうが いいです。

문장 구조를 1초 만에 해석해 보자.

❶ いまは たべない ほうが いいです。

❺ いまは さわらない ほうが いいです。

❷ いまは いかない ほうが いいです。

❻ いまは かえらない ほうが いいです。

❸ いまは たたない ほうが いいです。

❼ いまは しらない ほうが いいです。

❹ いまは すてない ほうが いいです。

❽ いまは しゃべらない ほうが いいです。

문장 구조를 1초 만에 일본어로 말해 보자.

❶ 지금은 먹지 않는 편이 좋습니다.

❺ 지금은 만지지 않는 편이 좋습니다.

❷ 지금은 가지 않는 편이 좋습니다.

❻ 지금은 돌아가지 않는 편이 좋습니다.

❸ 지금은 일어서지 않는 편이 좋습니다.

❼ 지금은 모르는 편이 좋습니다.

❹ 지금은 버리지 않는 편이 좋습니다.

❽ 지금은 수다 떨지 않는 편이 좋습니다.

게스트하우스 직원에게 현지 쇼핑 팁을 얻고 있다. 🎧 MP3 18-02

직원 きょうは どこに いく つもりですか? 오늘은 어디에 갈 생각입니까?

나 デパートに ショッピングしに いきます.

백화점에 쇼핑하러 갑니다.

직원 きょうは かわない ほうが いいですよ.

오늘은 사지 않는 편이 좋아요.

나 どうしてですか? 어째서입니까?

직원 あしたから セールですから. 내일부터 세일이기 때문입니다.

나 じゃ、あした いきます. どうも. 그러면, 내일 가겠습니다. 고맙습니다.

플러스 단어

デパート 백화점 | **ショッピング** 쇼핑 | **セール** 세일

오모시로이 니홍고

약속

약속은 한자로 約束(맺을 약, 묶을 속)이라고 쓰며, 일본어로는 'やくそく'라고 발음합니다. か
행과 さ행이 만나면 か행이 약하게 발음되는 것에 주의하세요.

PART 19

たべないと いけません

먹지 않으면 안 됩니다

💡 **학습 목표**

동사와 형용사를 사용해서 의무 표현을 말할 수 있다.

💡 **학습 포인트**

☑ 동사 + 하지 않으면 안 됩니다 = 동사 **ない**형 + **と いけません**

☑ な형용사 + 하지 않으면 안 됩니다 = な형용사 + **じゃ ないと いけません**

☑ い형용사 + 지 않으면 안 됩니다 = い형용사(**い**) + **く ないと いけません**

💡 **미리보기** 🎧 MP3 19-01

たべる(食べる) 먹다 | かう(買う) 사다 | のむ(飲む) 마시다 | あう(会う) 만나다 | まつ(待つ) 기다리다

しずかです(静かです) 조용합니다 | べんりです(便利です) 편리합니다 | たかいです(高いです) 비쌉니다

からいです(辛いです) 맵습니다 | いく(行く) 가다 | やすむ(休む) 쉬다 | ならぶ(並ぶ) 줄 서다

みる(見る) 보다 | ねる(寝る) 자다 | しごとする(仕事する) 일하다 | くる(来る) 오다

かえる(帰る) 돌아가다 | はいる(入る) 들어가다

01 | 동사의 의무 표현

동사 + 하지 않으면 안 됩니다 = 동사ない형 + と いけません

✈ 동사ない형에 'と いけません'을 연결하면 '동사하지 않으면 안 됩니다'라는 의무 표현이 됩니다.

사지 않으면 안 됩니다. = **かわ**ないと いけません。

마시지 않으면 안 됩니다. = **のま**ないと いけません。

만나지 않으면 안 됩니다. = **あわ**ないと いけません。

기다리지 않으면 안 됩니다. = **また**ないと いけません。

な형용사 + 하지 않으면 안 됩니다 = な형용사 + じゃ ないと いけません

い형용사 + 지 않으면 안 됩니다 = い형용사(い) + く ないと いけません

'な형용사じゃ ない'와 'い형용사(い)く ない'에 'と いけません'을 연결하면 '형용사하지 않으면 안 됩니다'라는 의무 표현이 됩니다.

조용하지 않으면 안 됩니다. = しずかじゃ ないと いけません。

편리하지 않으면 안 됩니다. = べんりじゃ ないと いけません。

비싸지 않으면 안 됩니다. = たかく ないと いけません。

맵지 않으면 안 됩니다. = からく ないと いけません。

문장 구조를 **반복**해서 **연습**해 보자.

❶ 만나지 않으면 안 됩니다.   あわないと いけません。

❷ 기다리지 않으면 안 됩니다.   またないと いけません。

❸ 가지 않으면 안 됩니다.   いかないと いけません。

❹ 쉬지 않으면 안 됩니다.   やすまないと いけません。

❺ 줄 서지 않으면 안 됩니다.   ならばないと いけません。

❻ 보지 않으면 안 됩니다.   みないと いけません。

❼ 먹지 않으면 안 됩니다.   たべないと いけません。

❽ 자지 않으면 안 됩니다.   ねないと いけません。

❾ 조용하지 않으면 안 됩니다.   しずかじゃ ないと いけません。

❿ 비싸지 않으면 안 됩니다.   たかく ないと いけません。

문장 구조를 1초 만에 해석해 보자.

❶ あわないと いけません。

❷ またないと いけません。

❸ いかないと いけません。

❹ やすまないと いけません。

❺ ならばないと いけません。

❻ みないと いけません。

❼ たべないと いけません。

❽ ねないと いけません。

❾ しずかじゃ ないと いけません。

❿ たかく ないと いけません。

문장 구조를 1초 만에 일본어로 말해 보자.

❶ 만나지 않으면 안 됩니다.

❷ 기다리지 않으면 안 됩니다.

❸ 가지 않으면 안 됩니다.

❹ 쉬지 않으면 안 됩니다.

❺ 줄 서지 않으면 안 됩니다.

❻ 보지 않으면 안 됩니다.

❼ 먹지 않으면 안 됩니다.

❽ 자지 않으면 안 됩니다.

❾ 조용하지 않으면 안 됩니다.

❿ 비싸지 않으면 안 됩니다.

응용표현

무슨 일이 있어도 + 동사하지 않으면 안 됩니다

= どうしても + 동사ないといけません

* '무슨 일이 있어도'라는 뜻의 'どうしても'를 사용하면 무조건적으로 동작해야 하는 의무 표현이 됩니다.

✦ **문장을 확장해 보자.**

❶ 무슨 일이 있어도 일하지 않으면 안 됩니다.　どうしても しごとしないと いけません。

❷ 무슨 일이 있어도 오지 않으면 안 됩니다.　　どうしても こないと いけません。

❸ 무슨 일이 있어도 돌아가지 않으면 안 됩니다.　どうしても かえらないと いけません。

❹ 무슨 일이 있어도 들어가지 않으면 안 됩니다.　どうしても はいらないと いけません。

❺ 무슨 일이 있어도 만나지 않으면 안 됩니다.　　どうしても あわないと いけません。

❻ 무슨 일이 있어도 기다리지 않으면 안 됩니다.　どうしても またないと いけません。

❼ 무슨 일이 있어도 가지 않으면 안 됩니다.　　どうしても いかないと いけません。

❽ 무슨 일이 있어도 쉬지 않으면 안 됩니다.　　どうしても やすまないと いけません。

문장 구조를 1초 만에 해석해 보자.

❶ どうしてもしごとしないといけません。

❺ どうしても あわないと いけません。

❷ どうしても こないと いけません。

❻ どうしても またないと いけません。

❸ どうしても かえらないと いけません。

❼ どうしても いかないと いけません。

❹ どうしても はいらないと いけません。

❽ どうしても やすまないと いけません。

문장 구조를 1초 만에 일본어로 말해 보자.

❶ 무슨 일이 있어도 일하지 않으면 안 됩니다.

❺ 무슨 일이 있어도 만나지 않으면 안 됩니다.

❷ 무슨 일이 있어도 오지 않으면 안 됩니다.

❻ 무슨 일이 있어도 기다리지 않으면 안 됩니다.

❸ 무슨 일이 있어도 돌아가지 않으면 안 됩니다.

❼ 무슨 일이 있어도 가지 않으면 안 됩니다.

❹ 무슨 일이 있어도 들어가지 않으면 안 됩니다.

❽ 무슨 일이 있어도 쉬지 않으면 안 됩니다.

게스트하우스 직원에게 관광 팁을 얻고 있다. 🎧 MP3 19-02

직원 きょうは どこに いく つもりですか？ 　오늘은 어디에 갈 생각입니까？

나 スカイツリーに いく つもりです。

스카이트리에 갈 생각입니다.

직원 きょうは いかない ほうが いいですよ。

오늘은 가지 않는 편이 좋아요.

나 どうしてですか？ 　어째서입니까？

직원 にちようびですから、ならばないと いけません。

일요일이기 때문에 줄 서지 않으면 안 됩니다.

나 あ、そうですか？ 　아, 그렇습니까？

플러스 단어

にちようび(日曜日) 일요일

오모시로이 니홍고

부분

부분은 한자로 部分(떼 부, 나눌 분)이라고 쓰며, 일본어로는 'ぶぶん'이라고 발음합니다. ん을
충분히 한 박자로 읽어주는 것에 유의하세요.

PART 20

いつ たべない ほうが いいですか？

언제 먹지 않는 편이 좋습니까?

 학습 목표

의문사를 접속하여 동사 **ない**형에 활용할 수 있는 의문문을 다양하게 만들 수 있다.

 학습 포인트

☑ 언제 + 동사하지 않는 편이 좋습니까? = **いつ** + 동사 **ない**형 **ほうが いいですか？**

☑ 왜 + 동사하지 않으면 안 됩니까? = **どうして** + 동사 **ない**형 **と いけませんか？**

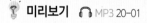 **미리보기** 🎧 MP3 20-01

のむ(飲む) 마시다 | **くる(来る)** 오다 | **かう(買う)** 사다 | **はなす(話す)** 이야기하다

いく(行く) 가다 | **はらう(払う)** 지불하다 | **まつ(待つ)** 기다리다 | **うたう(歌う)** 노래하다

01 | '언제'를 사용한 의문문

언제 + 동사하지 않는 편이 좋습니**까**? = いつ + 동사**ない형ほうが いいです か**?

 때, 시점을 묻는 의문사 'いつ'를 사용하여 의문문을 만들 수 있습니다.

언제 마시지 않는 편이 좋습니까? = いつ のまない ほうが いいですか?

언제 먹지 않는 편이 좋습니까? = いつ たべない ほうが いいですか?

언제 오지 않는 편이 좋습니까? = いつ こない ほうがいいですか?

언제 사지 않는 편이 좋습니까? = いつ かわない ほうが いいですか?

02 '왜'를 사용한 의문문

왜 + 동사하지 않으면 안 됩니까? = どうして + 동사 **ない형과 いけませんか?**

✎ 이유를 묻는 의문사 'どうして'를 사용하여 의문문을 만들 수 있습니다.

왜 사지 않으면 안 됩니까? = どうして かわないと いけませんか?

왜 이야기하지 않으면 안 됩니까? = どうして はなさないと いけませんか?

왜 가지 않으면 안 됩니까? = どうして いかないと いけませんか?

왜 지불하지 않으면 안 됩니까? = どうして はらわないと いけませんか?

문장 구조를 반복해서 연습해 보자.

❶ 언제 마시지 않는 편이 좋습니까?　　いつ のまない ほうが いいですか？

❷ 언제 먹지 않는 편이 좋습니까?　　いつ たべない ほうが いいですか？

❸ 언제 오지 않는 편이 좋습니까?　　いつ こない ほうが いいですか？

❹ 언제 사지 않는 편이 좋습니까?　　いつ かわない ほうが いいですか？

❺ 언제 가지 않는 편이 좋습니까?　　いつ いかない ほうが いいですか？

❻ 왜 사지 않으면 안 됩니까?　　どうして かわないと いけませんか？

❼ 왜 이야기하지 않으면 안 됩니까?　　どうして はなさないと いけませんか？

❽ 왜 가지 않으면 안 됩니까?　　どうして いかないと いけませんか？

❾ 왜 지불하지 않으면 안 됩니까?　　どうして はらわないと いけませんか？

❿ 왜 마시지 않으면 안 됩니까?　　どうして のまないと いけませんか？

문장 구조를 1초 만에 해석해 보자.

❶ いつ のまない ほうが いいですか?
＿＿＿＿＿＿＿＿＿＿＿＿＿＿＿＿＿

❷ いつ たべない ほうが いいですか?
＿＿＿＿＿＿＿＿＿＿＿＿＿＿＿＿＿

❸ いつ こない ほうが いいですか?
＿＿＿＿＿＿＿＿＿＿＿＿＿＿＿＿＿

❹ いつ かわない ほうが いいですか?
＿＿＿＿＿＿＿＿＿＿＿＿＿＿＿＿＿

❺ いつ いかない ほうが いいですか?
＿＿＿＿＿＿＿＿＿＿＿＿＿＿＿＿＿

❻ どうして かわないと いけませんか?
＿＿＿＿＿＿＿＿＿＿＿＿＿＿＿＿＿

❼ どうして はなさないと いけませんか?
＿＿＿＿＿＿＿＿＿＿＿＿＿＿＿＿＿

❽ どうして いかないと いけませんか?
＿＿＿＿＿＿＿＿＿＿＿＿＿＿＿＿＿

❾ どうして はらわないと いけませんか?
＿＿＿＿＿＿＿＿＿＿＿＿＿＿＿＿＿

❿ どうして のまないと いけませんか?
＿＿＿＿＿＿＿＿＿＿＿＿＿＿＿＿＿

문장 구조를 1초 만에 일본어로 말해 보자.

❶ 언제 마시지 않는 편이 좋습니까?
＿＿＿＿＿＿＿＿＿＿＿＿＿＿＿＿＿

❷ 언제 먹지 않는 편이 좋습니까?
＿＿＿＿＿＿＿＿＿＿＿＿＿＿＿＿＿

❸ 언제 오지 않는 편이 좋습니까?
＿＿＿＿＿＿＿＿＿＿＿＿＿＿＿＿＿

❹ 언제 사지 않는 편이 좋습니까?
＿＿＿＿＿＿＿＿＿＿＿＿＿＿＿＿＿

❺ 언제 가지 않는 편이 좋습니까?
＿＿＿＿＿＿＿＿＿＿＿＿＿＿＿＿＿

❻ 왜 사지 않으면 안 됩니까?
＿＿＿＿＿＿＿＿＿＿＿＿＿＿＿＿＿

❼ 왜 이야기하지 않으면 안 됩니까?
＿＿＿＿＿＿＿＿＿＿＿＿＿＿＿＿＿

❽ 왜 가지 않으면 안 됩니까?
＿＿＿＿＿＿＿＿＿＿＿＿＿＿＿＿＿

❾ 왜 지불하지 않으면 안 됩니까?
＿＿＿＿＿＿＿＿＿＿＿＿＿＿＿＿＿

❿ 왜 마시지 않으면 안 됩니까?
＿＿＿＿＿＿＿＿＿＿＿＿＿＿＿＿＿

왜 + 동사하지 않아도 괜찮습니까?

= **どうして** + 동사**ない**형(**ない**)なくてもいいですか？

* 'どうして'에 '동사하지 않아도 괜찮습니까?'란 뜻의 '동사ない형(~~ない~~)なくてもいいですか？'를 연결하여
  의문문을 만들 수 있습니다.

문장을 확장해 보자.

❶ 왜 그를 기다리지 않아도 괜찮습니까?　どうして かれを またなくても いいですか？

....

❷ 왜 마시지 않아도 괜찮습니까?　　　　どうして のまなくても いいですか？

....

❸ 왜 오지 않아도 괜찮습니까?　　　　　どうして こなくても いいですか？

....

❹ 왜 사지 않아도 괜찮습니까?　　　　　どうして かわなくても いいですか？

....

❺ 왜 이야기하지 않아도 괜찮습니까?　　どうして はなさなくても いいですか？

....

❻ 왜 가지 않아도 괜찮습니까?　　　　　どうして いかなくても いいですか？

....

❼ 왜 지불하지 않아도 괜찮습니까?　　　どうして はらわなくても いいですか？

....

❽ 왜 노래하지 않아도 괜찮습니까?　　　どうして うたわなくても いいですか？

....

문장 구조를 1초 만에 해석해 보자.

❶ どうして かれを またなくても いいですか?

❷ どうして のまなくても いいですか?

❸ どうして こなくても いいですか?

❹ どうして かわなくても いいですか?

❺ どうして はなさなくても いいですか?

❻ どうして いかなくても いいですか?

❼ どうして はらわなくても いいですか?

❽ どうして うたわなくても いいですか?

문장 구조를 1초 만에 일본어로 말해 보자.

❶ 왜 그를 기다리지 않아도 괜찮습니까?

❷ 왜 마시지 않아도 괜찮습니까?

❸ 왜 오지 않아도 괜찮습니까?

❹ 왜 사지 않아도 괜찮습니까?

❺ 왜 이야기하지 않아도 괜찮습니까?

❻ 왜 가지 않아도 괜찮습니까?

❼ 왜 지불하지 않아도 괜찮습니까?

❽ 왜 노래하지 않아도 괜찮습니까?

필수 쇼핑 리스트에 대해 듣고 있다. 🎧 MP3 20-02

진 にほんでは これを かわないと いけません。

일본에서는 이것을 사지 않으면 안 됩니다.

나 どうしてですか？

어째서입니까?

진 これ、ちゅうごくでは とても たかいですから。

이거, 중국에서는 아주 비싸기 때문입니다.

나 あ、そうですか？

아, 그렇습니까?

플러스 단어

ちゅうごく(中国) 중국

오모시로이 니홍고

가부키

가부키는 노래와 춤, 연기가 어우러지는 일본의 전통 연극입니다. 화려한 의상을 입고 우스꽝스러운 분장을 한 배우들이 극을 펼치는데, 여자 역할도 모두 남자 배우가 여장을 하고 연기하는 것이 특징입니다. 혹시 노래방에서 애창곡을 18번이라고 하는 이유를 아시나요? 바로 이 18번이 가부키에서 가장 많이 사랑 받은 작품이었던 것에서 비롯된 것이랍니다.

실력업그레이드4

✏ PART 16에서 PART 20까지 배웠던 문형을 복습해 봅시다.

PART 16 たべなくてもいいです

• 동사 + 하지 않아도 좋습니다 = 동사ない형(**ない**) + **なくてもいいです**

• 동사 + 하지 않아도 좋습니까? = 동사ない형(**ない**) + **なくてもいいですか?**

PART 17 にほんごじゃなくてもいいです

• 명사 + 이(가) 아니어도 좋습니다 = 명사 + **じゃなくてもいいです**

• な형용사 + 하지 않아도 좋습니다 = な형용사 + **じゃなくてもいいです**

• い형용사 + 지 않아도 좋습니다 = い형용사(**い**) + **くなくてもいいです**

PART 18 たべないほうがいいです

• 동사 + 하지 않는 편이 좋습니다 = 동사ない형 + **ほうがいいです**

• な형용사 + 하지 않은 편이 좋습니다 = な형용사 + **じゃない ほうがいいです**

• い형용사 + 지 않은 편이 좋습니다 = い형용사(**い**) + **くない ほうがいいです**

PART 19 たべないといけません

• 동사 + 하지 않으면 안 됩니다 = 동사ない형 + **といけません**

• な형용사 + 하지 않으면 안 됩니다 = な형용사 + **じゃないといけません**

• い형용사 + 지 않으면 안 됩니다 = い형용사(**い**) + **くないといけません**

PART 20 いつたべないほうがいいですか?

• 언제 + 동사하지 않는 편이 좋습니까? = **いつ** + 동사ない형**ほうがいいですか?**

• 왜 + 동사하지 않으면 안 됩니까? = **どうして** + 동사ない형**といけませんか?**

앞에서 배웠던 문형에 추가 단어들을 적용해 연습해 봅시다.

읽는 법	한자	품사	뜻
はたらく	働く	동사	일하다
きんちょうする	緊張する	동사	긴장하다
きめる	決める	동사	정하다
あずかる	預かる	동사	맡기다
よやくする	予約する	동사	예약하다
りょかん	旅館	명사	여관
かいがい	海外	명사	해외
こくない	国内	명사	국내
おうふく	往復	명사	왕복
じょうひんです	上品です	な형용사	고상합니다

읽는 법	한자	품사	뜻
はでです	派手です	な형용사	화려합니다
らくです	楽です	な형용사	편합니다
しんせつです	親切です	な형용사	친절합니다
ほそいです	細いです	い형용사	가늡니다
うすいです	薄いです	い형용사	얇습니다
つめたいです	冷たいです	い형용사	차갑습니다
やわらかいです	柔らかいです	い형용사	부드럽습니다
けっせきする	欠席する	동사	결석하다
でんき	電気	명사	불, 전등
けす	消す	동사	끄다

읽는 법	한자	품사	뜻
つける	点ける	동사	켜다
かえる	変える	동사	바꾸다
しめる	閉める	동사	닫다
あける	開ける	동사	열다
しょうたいする	招待する	동사	초대하다
かくす	隠す	동사	숨기다
はっぴょうする	発表する	동사	발표하다
のむ	飲む	동사	마시다

これは かわない ブランドです

이것은 사지 않는 브랜드입니다

🏷 학습 목표

동사**ない**형으로 명사를 수식할 수 있다.

🏷 학습 포인트

☑ 동사하지 않는 + 명사 = 동사**ない**형 + 명사

☑ 명사 + 이(가) + 동사하지 않는 + 명사 + 입니다 = 명사 + **が** + 동사**ない**형 + 명사 + **です**

🏷 미리보기　🎧 MP3 21-01

ブランド 브랜드 │ こうえん(公園) 공원 │ ラーメンや(屋) 라면 가게 │ とおいです(遠いです) 멉니다

うるさいです 시끄럽습니다

01 | 동사ない형의 명사 수식

동사하지 않는 + 명사 = 동사ない형 + 명사

✈ 동사ない형을 그대로 명사에 접속하면 '동사하지 않는'으로 명사를 수식할 수 있습니다.

사지 않는 브랜드 = **かわない** ブランド

오지 않는 공원 = **こない** こうえん

가지 않는 라면 가게 = **いかない** ラーメンや

명사 + 이(가) + 동사하지 않는 + 명사 + 입니다

= 명사 + **が** + 동사**ない**형 + 명사 + **です**

대상을 나타내는 명사에 조사 '**が**'를 붙여 어떠한 대상이 '동사하지 않는 명사'인지 꾸며줄 수 있습니다.

그녀가 사지 않는 브랜드입니다. = **かのじょが かわない ブランドです。**

내가 오지 않는 공원입니다. = **わたしが こない こうえんです。**

야마다 씨가 가지 않는 라면 가게입니다. = **やまださんが いかない ラーメンやです。**

연습하기 👄

문장 구조를 반복해서 연습해 보자.

❶ 사지 않는 브랜드입니다.　　　　　　　　かわない ブランドです。

❷ 오지 않는 공원입니다.　　　　　　　　　こない こうえんです。

❸ 가지 않는 라면 가게입니다.　　　　　　　いかない ラーメンやです。

❹ 그녀가 사지 않는 브랜드입니다.　　　　　かのじょが かわない ブランドです。

❺ 내가 오지 않는 공원입니다.　　　　　　　わたしが こない こうえんです。

❻ 야마다 씨가 가지 않는 라면 가게입니다.　やまださんが いかない ラーメンやです。

❼ 내가 사지 않는 브랜드입니다.　　　　　　わたしが かわない ブランドです。

❽ 그녀가 오지 않는 공원입니다.　　　　　　かのじょが こない こうえんです。

❾ 내가 가지 않는 라면 가게입니다.　　　　　わたしが いかない ラーメンやです。

❿ 야마다 씨가 사지 않는 브랜드입니다.　　　やまださんが かわない ブランドです。

문장 구조를 1초 만에 해석해 보자.

❶ かわない ブランドです。

❷ こない こうえんです。

❸ いかない ラーメンやです。

❹ かのじょが かわない ブランドです。

❺ わたしが こない こうえんです。

❻ やまださんが いかない ラーメンやです。

❼ わたしが かわない ブランドです。

❽ かのじょが こない こうえんです。

❾ わたしが いかない ラーメンやです。

❿ やまださんが かわない ブランドです。

문장 구조를 1초 만에 일본어로 말해 보자.

❶ 사지 않는 브랜드입니다.

❷ 오지 않는 공원입니다.

❸ 가지 않는 라면 가게입니다.

❹ 그녀가 사지 않는 브랜드입니다.

❺ 내가 오지 않는 공원입니다.

❻ 야마다 씨가 가지 않는 라면 가게입니다.

❼ 내가 사지 않는 브랜드입니다.

❽ 그녀가 오지 않는 공원입니다.

❾ 내가 가지 않는 라면 가게입니다.

❿ 야마다 씨가 사지 않는 브랜드입니다.

응용표현

문장 + 때문에 + 문장

= 문장 + から + 문장

* 문장 뒤에 이유를 나타내는 접속사 'から'를 붙이면 '~하기 때문에'라는 문장이 됩니다.

문장을 확장해 보자.

❶ 이것은 비싸기 때문에
그녀가 사지 않는 브랜드입니다.

これは たかいですから
かのじょが かわない ブランドです。

❷ 이곳은 멀기 때문에
내가 오지 않는 공원입니다.

ここは とおいですから
わたしが こない こうえんです。

❸ 저곳은 시끄럽기 때문에
야마다 씨가 가지 않는 라면 가게입니다.

あそこは うるさいですから
やまださんが いかない ラーメンやです。

❹ 이것은 비싸기 때문에
야마다 씨가 사지 않는 브랜드입니다.

これは たかいですから
やまださんが かわない ブランドです。

❺ 저곳은 멀기 때문에
내가 가지 않는 라면 가게입니다.

あそこは とおいですから
わたしが いかない ラーメンやです。

❻ 이곳은 시끄럽기 때문에
그녀가 오지 않는 공원입니다.

ここは うるさいですから
かのじょが こない こうえんです。

문장 구조를 1초 만에 해석해 보자.

❶ これは たかいですから
かのじょが かわない ブランドです。

....

❹ これは たかいですから
やまださんが かわない ブランドです。

....

❷ ここは とおいですから
わたしが こない こうえんです。

....

❺ あそこは とおいですから
わたしが いかない ラーメンやです。

....

❸ あそこは うるさいですから
やまださんが いかない ラーメンやです。

....

❻ ここは うるさいですから
かのじょが こない こうえんです。

....

문장 구조를 1초 만에 일본어로 말해 보자.

❶ 이것은 비싸기 때문에
그녀가 사지 않는 브랜드입니다.

....

❹ 이것은 비싸기 때문에
야마다 씨가 사지 않는 브랜드입니다.

....

❷ 이곳은 멀기 때문에
내가 오지 않는 공원입니다.

....

❺ 저곳은 멀기 때문에
내가 가지 않는 라면 가게입니다.

....

❸ 저곳은 시끄럽기 때문에
야마다 씨가 가지 않는 라면 가게입니다.

....

❻ 이곳은 시끄럽기 때문에
그녀가 오지 않는 공원입니다.

맥주 취향에 대해서 이야기 하고 있다. 🎧 MP3 21-02

진　このビール、はじめてですが、おいしいですね。

　　이 맥주 처음입니다만, 맛있네요.

나　わたしは のまない ビールです。

　　저는 마시지 않는 맥주입니다.

진　どうして のみませんか？

　　왜 마시지 않습니까?

나　そのビール、にがいですから すきじゃ ありません。

　　그 맥주, 쓰기 때문에 좋아하지 않습니다.

플러스 단어

はじめて(初めて) 처음 ｜ **にがいです(苦いです)** 쓩니다

오모시로이 니홍고

기간

기간은 한자로 期間(기약할 기, 사이 간)이라고 쓰며, 일본어로는 'きかん'이라고 발음합니다.
탁음이 아니라 청음인 것과 ん을 충분히 한 박자로 읽어주는 것에 유의하세요.

PART 22

たべた(1)

먹었다

💡 **학습 목표**

동사의 원형에서 과거 표현인 **た**형을 만들 수 있다.

💡 **학습 포인트**

☑ 3그룹 동사의 **た**형

☑ 2그룹 동사의 **た**형

☑ 1그룹 동사의 **た**형

💡 **미리보기** 🎧 MP3 22-01

する 하다 | **くる(来る)** 오다 | **みる(見る)** 보다 | **おきる(起きる)** 일어나다 | **ねる(寝る)** 자다

かう(買う) 사다 | **まつ(待つ)** 기다리다 | **つくる(作る)** 만들다 | **かす(貸す)** 빌려주다

はなす(話す) 이야기하다 | **あるく(歩く)** 걷다 | **およぐ(泳ぐ)** 헤엄치다 | **しぬ(死ぬ)** 죽다

よぶ(呼ぶ) 부르다 | **のむ(飲む)** 마시다 | **たつ(立つ)** 일어서다

01 3그룹 동사의 た형

した, きた

✈ 3그룹 동사의 た형은 불규칙적으로 활용됩니다. する는 '했다'라는 'した', くる는 '왔다'라는 'きた' 2개뿐이니 암기하도록 합시다.

하다 ⇒ 했다 = **する** ⇒ した   오다 ⇒ 왔다 = **くる** ⇒ きた

02 2그룹 동사의 た형

る+た

✈ 2그룹 동사의 た형은 말 끝의 る를 떼고 た를 붙여서 '동사했다'라는 반말 과거 표현이 됩니다.

보다 ⇒ 봤다 = **みる** ⇒ **み**た

일어나다 ⇒ 일어났다 = **おきる** ⇒ **おき**た

먹다 ⇒ 먹었다 = **たべる** ⇒ **たべ**た

자다 ⇒ 잤다 = **ねる** ⇒ **ね**た

03 | 1그룹 동사의 た형

う・つ・る + った   す + した

く・ぐ + いた・いだ   ぬ・ぶ・む + んだ

 1그룹 동사의 た형은 끝 글자에 따라 만드는 방법이 다르니 주의해야 합니다.

う・つ・る → った

사다 ⇒ 샀다 = かう ⇒ かった

기다리다 ⇒ 기다렸다 = まつ ⇒ まった

만들다 ⇒ 만들었다 = つくる ⇒ つくった

す → した

빌려주다 ⇒ 빌려줬다 = かす ⇒ かした

이야기하다 ⇒ 이야기했다
= はなす ⇒ はなした

く → いた / ぐ → いだ

걷다 ⇒ 걸었다 = あるく ⇒ あるいた

헤엄치다 ⇒ 헤엄쳤다
= およぐ ⇒ およいだ

ぬ・ぶ・む → んだ

죽다 ⇒ 죽었다 = しぬ ⇒ しんだ

부르다 ⇒ 불렀다 = よぶ ⇒ よんだ

마시다 ⇒ 마셨다 = のむ ⇒ のんだ

* 예외 'いく(가다)'는 'く'로 끝나지만 'いった(갔다)'가 된다.

동사의 원형과 **た**형을 반복해서 연습해 보자.

❶ 일어서다   **たつ**   일어섰다   **たった**

❷ 이야기하다   **はなす**   이야기했다   **はなした**

❸ 걷다   **あるく**   걸었다   **あるいた**

❹ 헤엄치다   **およぐ**   헤엄쳤다   **およいだ**

❺ 죽다   **しぬ**   죽었다   **しんだ**

❻ 일어나다   **おきる**   일어났다   **おきた**

❼ 보다   **みる**   봤다   **みた**

❽ 먹다   **たべる**   먹었다   **たべた**

❾ 하다   **する**   했다   **した**

❿ 오다   **くる**   왔다   **きた**

동사의 뜻을 1초 만에 말해 보자.

❶ たった

❷ はなした

❸ あるいた

❹ およいだ

❺ しんだ

❻ おきた

❼ みた

❽ たべた

❾ した

❿ きた

동사를 1초 만에 일본어로 말해 보자.

❶ 일어섰다

❷ 이야기했다

❸ 걸었다

❹ 헤엄쳤다

❺ 죽었다

❻ 일어났다

❼ 봤다

❽ 먹었다

❾ 했다

❿ 왔다

응용표현

예외 1그룹 동사의 た형

= る + った

* 예외 1그룹 동사의 た형은 마지막 글자 'る'를 떼고 'った'를 붙입니다.

❋ 예외 1그룹 동사의 **た**형을 연습해 보자.

❶ 알다	しる	알았다	しった
❷ 들어가다	はいる	들어갔다	はいった
❸ 쥐다	にぎる	쥐었다	にぎった
❹ 돌아가다	かえる	돌아갔다	かえった
❺ 수다 떨다	しゃべる	수다 떨었다	しゃべった
❻ 달리다	はしる	달렸다	はしった
❼ 자르다	きる	잘랐다	きった
❽ 필요하다	いる	필요했다	いった

예외 1그룹 동사의 뜻을 1초 만에 말해 보자.

❶ しった

❺ しゃべった

❷ はいった

❻ はしった

❸ にぎった

❼ きった

❹ かえった

❽ いった

예외 1그룹 동사를 1초 만에 일본어로 말해 보자.

❶ 알았다

❺ 수다 떨었다

❷ 들어갔다

❻ 달렸다

❸ 쥐었다

❼ 잘랐다

❹ 돌아갔다

❽ 필요했다

무엇을 먹었는지 린과 대화하고 있다. 🎧 MP3 22-02

나　なに たべた？

뭐 먹었어?

린　カツどん たべた。

돈가스 덮밥 먹었어.

나　おいしかった？

맛있었어?

린　まあまあ……。

그저 그래…….

플러스 단어

カツどん 돈가스 덮밥

오모시로이 니홍고

의미

의미는 한자로 意味(뜻 의, 맛 미)라고 쓰며, 일본어로는 'いみ'라고 발음합니다.

PART 23

たべた(2)

먹었다

💡 학습 목표

동사의 반말 과거형인 **た**형에서 동사원형으로 바꾸는 연습을 통해 다시 한번 복습할 수 있다.

💡 학습 포인트

- ☑ 3그룹 동사의 **た**형
- ☑ 2그룹 동사의 **た**형
- ☑ 1그룹 동사의 **た**형

💡 미리보기 🎧 MP3 23-01

かす(貸す) 빌려주다 | あるく(歩く) 걷다 | およぐ(泳ぐ) 헤엄치다 | しぬ(死ぬ) 죽다 | よぶ(呼ぶ) 부르다

01 | 3그룹 동사의 た형

した, きた

3그룹 동사의 た형은 불규칙적으로 활용된다고 배웠습니다. する는 '했다'라는 'した', くる는 '왔다'라는 'きた' 2개뿐이었지요. 동사た형을 원형으로 바꾸어 봅시다.

했다 ⇒ 하다 = した ⇒ する　　　왔다 ⇒ 오다 = きた ⇒ くる

02 | 2그룹 동사의 た형

る+た

2그룹 동사의 た형은 말 끝의 る를 떼고 た를 붙이면 된다고 배웠습니다. 동사た형을 원형으로 바꾸어 봅시다.

봤다 ⇒ 보다 = みた ⇒ みる

일어났다 ⇒ 일어나다 = おきた ⇒ おきる

먹었다 ⇒ 먹다 = たべた ⇒ たべる　　잤다 ⇒ 자다 = ねた ⇒ ねる

う・つ・る + った   す + した

く・ぐ + いた・いだ   ぬ・ぶ・む + んだ

 1그룹 동사의 た형은 끝 글자에 따라 만드는 방법이 다르다고 배웠습니다. 동사 た형을 원형으로
바꾸어 봅시다.

う・つ・る → った

샀다 ⇒ 사다 = かった ⇒ かう

기다렸다 ⇒ 기다리다 = まった ⇒ まつ

만들었다 ⇒ 만들다 = つくった ⇒ つくる

す → した

빌려줬다 ⇒ 빌려주다 = かした ⇒ かす

이야기했다 ⇒ 이야기하다
= はなした ⇒ はなす

く → いた / ぐ → いだ

걸었다 ⇒ 걷다 = あるいた ⇒ あるく

헤엄쳤다 ⇒ 헤엄치다
= およいだ ⇒ およぐ

ぬ・ぶ・む → んだ

죽었다 ⇒ 죽다 = しんだ ⇒ しぬ

불렀다 ⇒ 부르다 = よんだ ⇒ よぶ

마셨다 ⇒ 마시다 = のんだ ⇒ のむ

* 예외 'いく(가다)'는 'く'로 끝나지만 'いった(갔다)'가 된다.

동사의 **た**형과 원형을 반복해서 연습해 보자.

❶ 일어섰다   **たった**   일어서다   **たつ**

❷ 이야기했다   **はなした**   이야기하다   **はなす**

❸ 걸었다   **あるいた**   걷다   **あるく**

❹ 헤엄쳤다   **およいだ**   헤엄치다   **およぐ**

❺ 죽었다   **しんだ**   죽다   **しぬ**

❻ 일어났다   **おきた**   일어나다   **おきる**

❼ 봤다   **みた**   보다   **みる**

❽ 먹었다   **たべた**   먹다   **たべる**

❾ 했다   **した**   하다   **する**

❿ 왔다   **きた**   오다   **くる**

동사의 뜻을 1초 만에 해석해 보자.

❶ たった
....

❷ はなした
....

❸ あるいた
....

❹ およいだ
....

❺ しんだ
....

❻ おきた
....

❼ みた
....

❽ たべた
....

❾ した
....

❿ きた
....

동사를 1초 만에 일본어로 말해 보자.

❶ 일어섰다
....

❷ 이야기했다
....

❸ 걸었다
....

❹ 헤엄쳤다
....

❺ 죽었다
....

❻ 일어났다
....

❼ 봤다
....

❽ 먹었다
....

❾ 했다
....

❿ 왔다
....

응용표현

예외 1그룹 동사의 た형

= る + った

* 예외 1그룹 동사의 た형은 마지막 글자 'る'를 떼고 'った'를 붙인다고 배웠습니다.

예외 1그룹 동사의 た형을 원형으로 바꾸어 보자.

❶	알았다	しった	알다	しる
❷	들어갔다	はいった	들어가다	はいる
❸	쥐었다	にぎった	쥐다	にぎる
❹	돌아갔다	かえった	돌아가다	かえる
❺	수다 떨었다	しゃべった	수다 떨다	しゃべる
❻	달렸다	はしった	달리다	はしる
❼	잘랐다	きった	자르다	きる
❽	필요했다	いった	필요하다	いる

예외 1그룹 동사의 **뜻**을 1초 만에 말해 보자.

❶ しった

❺ しゃべった

❷ はいった

❻ はしった

❸ にぎった

❼ きった

❹ かえった

❽ いった

예외 1그룹 동사를 1초 만에 일본어로 말해 보자.

❶ 알았다

❺ 수다 떨었다

❷ 들어갔다

❻ 달렸다

❸ 쥐었다

❼ 잘랐다

❹ 돌아갔다

❽ 필요했다

무엇을 마셨는지 린과 대화하고 있다. 🎧 MP3 23-02

린   なに のんだ？
뭐 마셨어?

나   ビール のんだ。
맥주 마셨어.

린   どんな ビール？
어떤 맥주?

나   にほんの ビール。
일본 맥주.

플러스 단어

ビール 맥주 | **どんな** 어떤

오모시로이 니홍고

토지

토지는 한자로 土地(흙 토, 땅 지)라고 쓰며, 일본어로는 'とち'라고 발음합니다. 짧게 とち라고 읽어
주는 것에 유의하세요.

PART 24

たべたことが あります

먹은 적이 있습니다

💡 **학습 목표**

동사의 **た**형을 사용해서 경험 표현을 말할 수 있다.

💡 **학습 포인트**

☑️ 동사 + 한 적 = 동사 **た**형 + **こと**

☑️ 동사 + 한 적이 있습니다 = 동사 **た**형 + **ことが あります**

💡 **미리보기** 🎧 MP3 24-01

かう(買う)사다 | まつ(待つ)기다리다 | やすむ(休む)쉬다 | みる(見る)보다 | つくる(作る)만들다

あせる(焦る)초조해하다 | あう(会う)만나다 | いく(行く)가다 | ならぶ(並ぶ)줄 서다

じてんしゃ(自転車)자전거 | でんわ(電話)전화 | べんとう(弁当)도시락

01 | 동사의 명사화

동사 + 한 적 = 동사た형 + こと

동사た형에 'こと'를 연결하면 '동사한 적'이라는 표현이 됩니다. 동사た형을 그대로 명사에 접속하면 '동사한'으로 명사를 수식할 수 있습니다.

산 적 = **かった**こと

기다린 적 = **まった**こと

쉰 적 = **やすんだ**こと

본 적 = **み**たこと

02 동사의 경험 표현

동사 + 한 적이 있습니다 = 동사た형 + ことが あります

✈ 동사た형에 'ことが あります'를 붙이면 '동사한 적이 있습니다'라는 경험을 말하는 표현이 됩니다.

산 적이 있습니다. = **かっ**たことが あります。

기다린 적이 있습니다. = **まっ**たことが あります。

쉰 적이 있습니다. = **やすん**だことが あります。

본 적이 있습니다. = **み**たことが あります。

문장 구조를 반복해서 연습해 보자.

❶ 만든 적이 있습니다.　　　　　つくったことが あります。

❷ 초조해한 적이 있습니다.　　　　あせったことが あります。

❸ 만난 적이 있습니다.　　　　　　あったことが あります。

❹ 간 적이 있습니다.　　　　　　　いったことが あります。

❺ 쉰 적이 있습니다.　　　　　　　やすんだことが あります。

❻ 줄 선 적이 있습니다.　　　　　　ならんだことが あります。

❼ 본 적이 있습니다.　　　　　　　みたことが あります。

❽ 먹은 적이 있습니다.　　　　　　たべたことが あります。

❾ 한 적이 있습니다.　　　　　　　したことが あります。

❿ 온 적이 있습니다.　　　　　　　きたことが あります。

문장 구조를 1초 만에 해석해 보자.

❶ つくったことが あります。

❷ あせったことが あります。

❸ あったことが あります。

❹ いったことが あります。

❺ やすんだことが あります。

❻ ならんだことが あります。

❼ みたことが あります。

❽ たべたことが あります。

❾ したことが あります。

❿ きたことが あります。

문장 구조를 1초 만에 일본어로 말해 보자.

❶ 만든 적이 있습니다.

❷ 초조해한 적이 있습니다.

❸ 만난 적이 있습니다.

❹ 간 적이 있습니다.

❺ 쉰 적이 있습니다.

❻ 줄 선 적이 있습니다.

❼ 본 적이 있습니다.

❽ 먹은 적이 있습니다.

❾ 한 적이 있습니다.

❿ 온 적이 있습니다.

응용표현

명사 + 을(를) + 동사한 적이 있습니다.

= 명사 + を + 동사**たことが あります**

* 무엇을 경험했는지 경험의 대상을 포함하여 문장을 만들 수 있습니다.

✳ **문장을 확장해 보자.**

❶ 자전거를 산 적이 있습니다.   じてんしゃを かったことが あります。

❷ 전화를 기다린 적이 있습니다.   でんわを まったことが あります。

❸ 도시락을 만든 적이 있습니다.   べんとうを つくったことが あります。

❹ 자전거를 만든 적이 있습니다.   じてんしゃを つくったことが あります。

❺ 도시락을 산 적이 있습니다.   べんとうを かったことが あります。

❻ 도시락을 기다린 적이 있습니다.   べんとうを まったことが あります。

❼ 전화를 한 적이 있습니다.   でんわを したことが あります。

❽ 자전거를 본 적이 있습니다.   じてんしゃを みたことが あります。

문장 구조를 1초 만에 해석해 보자.

❶ じてんしゃを かったことが あります。

❺ べんとうを かったことが あります。

❷ でんわを まったことが あります。

❻ べんとうを まったことが あります。

❸ べんとうを つくったことが あります。

❼ でんわを したことが あります。

❹ じてんしゃを つくったことが あります。

❽ じてんしゃを みたことが あります。

문장 구조를 1초 만에 일본어로 말해 보자.

❶ 자전거를 산 적이 있습니다.

❺ 도시락을 산 적이 있습니다.

❷ 전화를 기다린 적이 있습니다.

❻ 도시락을 기다린 적이 있습니다.

❸ 도시락을 만든 적이 있습니다.

❼ 전화를 한 적이 있습니다.

❹ 자전거를 만든 적이 있습니다.

❽ 자전거를 본 적이 있습니다.

오사카에 가본 경험에 대해서 대화하고 있다. 🎧 MP3 24-02

직원 にほんは はじめてですか？

일본은 처음입니까?

나 とうきょうは はじめてですが、

おおさかは いった ことが あります。

도쿄는 처음입니다만, 오사카는 간 적이 있습니다.

직원 おおさかは どうでしたか？

오사카는 어땠습니까？

나 おいしい ものが たくさん ありました。

맛있는 음식이 많이 있었습니다.

플러스 단어

はじめて(初めて) 처음 | **たくさん** 많이

오모시로이 니홍고

산림

산림은 한자로 山林(메 산, 수풀 림)이라고 쓰며, 일본어로는 '산りん'이라고 발음합니다. ん을 충분히 한 박자로 읽어주는 것에 유의하세요.

PART 25

たべたほうが いいです

먹는 편이 좋습니다

💡 학습 목표

동사의 **た**형을 사용해서 충고나 조언 표현을 말할 수 있다.

💡 학습 포인트

- ☑ 동사 + 하는 편 = 동사 **た**형 + **ほう**
- ☑ 동사 + 하는 편이 좋습니다 = 동사 **た**형 + **ほうがいいです**

💡 미리보기 🎧 MP3 25-01

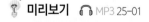

たべる(食べる) 먹다 | **はなす(話す)** 이야기하다 | **あう(会う)** 만나다 | **まつ(待つ)** 기다리다

はらう(払う) 지불하다 | **やすむ(休む)** 쉬다 | **ならぶ(並ぶ)** 줄 서다 | **みる(見る)** 보다

かえる(帰る) 돌아가다 | **ねる(寝る)** 자다 | **こうえん(公園)** 공원 | **で** ~에서 | **いえ(家)** 집

いま(今) 지금 | **のむ(飲む)** 마시다 | **しゃべる 수다** 떨다 | **はいる(入る)** 들어가다

01 동사의 명사화

동사 + 하는 편 = 동사た형 + ほう

✈ 동사た형에 'ほう'를 연결하면 '동사하는 편'이라는 표현이 됩니다. '~하는'이라고 표현하더라도 동사원형이 아닌 た형에 접속한다는 것에 주의하세요.

이야기하는 편 = **はなしたほう**

먹는 편 = **たべたほう**

만나는 편 = **あったほう**

기다리는 편 = **まったほう**

동사 + 하는 편이 좋습니다 = 동사た형 + ほうが いいです

동사た형에 'ほうが いいです'를 연결하면 '동사하는 편이 좋습니다'라는 충고나 조언을 말하는 표현이 됩니다. 이 표현은 '동사원형 + ほうが いいです'도 사용할 수 있는데 단정적인 뉘앙스가 더 강합니다. 동사원형이 아닌 た형을 사용하여 '동사た형 + ほうが いいです'라고 한다면 '하면 좋지만 반드시 하지 않아도 된다'는 뉘앙스가 있어 상대적으로 부담이 덜하게 됩니다. 직설적이고 강한 표현을 지양하는 일본에서는 た형을 사용합니다.

이야기하는 편이 좋습니다. = **はなし**たほうが いいです。

먹는 편이 좋습니다. = **たべ**たほうが いいです。

문장 구조를 반복해서 연습해 보자.

❶ 만나는 편이 좋습니다.   あったほうが いいです。

❷ 기다리는 편이 좋습니다.   まったほうが いいです。

❸ 지불하는 편이 좋습니다.   はらったほうが いいです。

❹ 쉬는 편이 좋습니다.   やすんだほうが いいです。

❺ 줄 서는 편이 좋습니다.   ならんだほうが いいです。

❻ 보는 편이 좋습니다.   みたほうが いいです。

❼ 돌아가는 편이 좋습니다.   かえったほうが いいです。

❽ 자는 편이 좋습니다.   ねたほうが いいです。

❾ 하는 편이 좋습니다.   したほうが いいです。

❿ 오는 편이 좋습니다.   きたほうが いいです。

문장 구조를 1초 만에 해석해 보자.

❶ あったほうが いいです。

❷ まったほうが いいです。

❸ はらったほうが いいです。

❹ やすんだほうが いいです。

❺ ならんだほうが いいです。

❻ みたほうが いいです。

❼ かえったほうが いいです。

❽ ねたほうが いいです。

❾ したほうが いいです。

❿ きたほうが いいです。

문장 구조를 1초 만에 일본어로 말해 보자.

❶ 만나는 편이 좋습니다.

❷ 기다리는 편이 좋습니다.

❸ 지불하는 편이 좋습니다.

❹ 쉬는 편이 좋습니다.

❺ 줄 서는 편이 좋습니다.

❻ 보는 편이 좋습니다.

❼ 돌아가는 편이 좋습니다.

❽ 자는 편이 좋습니다.

❾ 하는 편이 좋습니다.

❿ 오는 편이 좋습니다.

응용표현

명사 + 에서 + 동사하는 편이 좋습니다 = 명사 + で + 동사**たほうが いいです**

지금 + 동사하는 편이 좋습니다 = いま + 동사**たほうが いいです**

* 장소를 나타내는 명사에 '~에서'란 뜻의 조사 'で'를 붙여서 특정 장소나 위치를 나타내거나 '지금'이란 뜻의
  'いま'를 붙여서 충고나 조언을 할 수 있습니다.

문장을 확장해 보자.

❶ 공원에서 이야기하는 편이 좋습니다.   こうえんで はなしたほうが いいです。

❷ 집에서 먹는 편이 좋습니다.   いえで たべたほうが いいです。

❸ 지금 마시는 편이 좋습니다.   いま のんだほうが いいです。

❹ 공원에서 수다 떠는 편이 좋습니다.   こうえんで しゃべったほうが いいです。

❺ 지금 들어가는 편이 좋습니다.   いま はいったほうが いいです。

❻ 집에서 만나는 편이 좋습니다.   いえで あったほうが いいです。

❼ 지금 보는 편이 좋습니다.   いま みたほうが いいです。

❽ 집에서 쉬는 편이 좋습니다.   いえで やすんだほうが いいです。

문장 구조를 1초 만에 해석해 보자.

❶ こうえんで はなした ほうが いいです。
....

❷ いえで たべた ほうが いいです。
....

❸ いま のんだ ほうが いいです。
....

❹ こうえんで しゃべった ほうが いいです。
....

❺ いま はいった ほうが いいです。
....

❻ いえで あった ほうが いいです。
....

❼ いま みた ほうが いいです。
....

❽ いえで やすんだ ほうが いいです。
....

문장 구조를 1초 만에 일본어로 말해 보자.

❶ 공원에서 이야기하는 편이 좋습니다.
....

❷ 집에서 먹는 편이 좋습니다.
....

❸ 지금 마시는 편이 좋습니다.
....

❹ 공원에서 수다 떠는 편이 좋습니다.
....

❺ 지금 들어가는 편이 좋습니다.
....

❻ 집에서 만나는 편이 좋습니다.
....

❼ 지금 보는 편이 좋습니다.
....

❽ 집에서 쉬는 편이 좋습니다.

가게에 예약을 하는 편이 좋은지 조언을 구하고 있다. 🎧 MP3 25-02

나 このみせは よやくしないと いけませんか？

이 가게는 예약하지 않으면 안 됩니까?

직원 よやくしたほうが いいですよ。

예약하는 편이 좋아요.

나 ホームページで よやくすることが

できますか？ 홈페이지에서 예약할 수 있습니까?

직원 はい。できます。

네. 할 수 있습니다.

플러스 단어

よやく(予約) 예약 | **ホームページ** 홈페이지

오모시로이 니홍고

다다미

다다미는 일본의 주거 형식 중 가장 특징적인 것으로, 짚으로 만든 판에 왕골이나 부들로 만든 돗자리입니다. 현대에도 일본식 주택의 방 안에는 이러한 다다미가 깔려 있는데, 방의 크기를 이 다다미의 장수로 세는 경우가 있습니다. 다다미 경계선은 밟지 말라는 재미있는 미신이 있다고 하니 일본에 가면 밟지 않도록 해요!

실력업그레이드5

PART 21에서 PART 25까지 배웠던 문형을 복습해 봅시다.

PART 21 これはかわないブランドです

• 동사하지 않는 + 명사 = 동사ない형 + 명사

• 명사 + 이(가) + 동사하지 않는 + 명사 + 입니다 = 명사 + **が** + 동사ない형 + 명사 + **です**

PART 22 たべた(1)

• 3그룹 동사의 **た**형

• 2그룹 동사의 **た**형

• 1그룹 동사의 **た**형

PART 23 たべた(2)

• 3그룹 동사의 **た**형

• 2그룹 동사의 **た**형

• 1그룹 동사의 **た**형

PART 24 たべたことがあります

• 동사 + 한 적 = 동사**た**형 + **こと**

• 동사 + 한 적이 있습니다 = 동사**た**형 + **ことがあります**

PART 25 たべたほうがいいです

• 동사 + 하는 편 = 동사**た**형 + **ほう**

• 동사 + 하는 편이 좋습니다 = 동사**た**형 + **ほうがいいです**

앞에서 배웠던 문형에 추가 단어들을 적용해 연습해 봅시다.

읽는 법	한자	품사	뜻
かれら	彼ら	명사	그들
せき	席	명사	자리
きたないです	汚いです	い형용사	더럽습니다
いざかや	居酒屋	명사	선술집
うるさいです		い형용사	시끄럽습니다
おんがく	音楽	명사	음악
こどもたち	子供達	명사	아이들
きく	聴く	동사	듣다
うた	歌	명사	노래
むずかしいです	難しいです	い형용사	어렵습니다
ないよう	内容	명사	내용
よむ	読む	동사	읽다
さむいです	寒いです	い형용사	춥습니다
おとしより	お年寄り	명사	노인
うんどうする	運動する	동사	운동하다
きせつ	季節	명사	계절
あついです	暑いです	い형용사	덥습니다
さんぽする	散歩する	동사	산책하다
あぶらっこいです	脂っこいです	い형용사	느끼합니다
チキン		명사	치킨
せんしゅ	選手	명사	선수

읽는 법	한자	품사	뜻
たべもの	食べ物	명사	음식
め	目	명사	눈
わるいです	悪いです	い형용사	나쁩니다
スマホゲーム		명사	스마트폰 게임
てつだう	手伝う	동사	돕다
ちゅうしゃをうつ	注射を打つ	동사	주사를 놓다
おわる	終わる	동사	끝나다
なやむ	悩む	동사	고민하다
みがく	磨く	동사	닦다
かせぐ	稼ぐ	동사	벌다
いそぐ	急ぐ	동사	서두르다
おす	押す	동사	누르다, 밀다
くりかえす	繰り返す	동사	반복하다
しめる	閉める	동사	닫다
おぼえる	覚える	동사	외우다
おりる	降りる	동사	내리다
こたえる	答える	동사	대답하다
くふうする	工夫する	동사	궁리하다
そろう	揃う	동사	갖추어지다
めだつ	目立つ	동사	눈에 띄다
すむ	済む	동사	끝나다, 마무리되다

읽는 법	한자	품사	뜻
おもいこむ	思い込む	동사	마음먹다
おどろく	驚く	동사	놀라다
つく	着く	동사	도착하다
そそぐ	注ぐ	동사	붓다, 따르다
のばす	伸ばす	동사	늘리다
はしる	走る	동사	달리다
すべる	滑る	동사	미끄러지다
きがえる	着替える	동사	갈아입다
もとめる	求める	동사	구하다
のりこえる	乗り越える	동사	극복하다
あらわれる	現われる	동사	나타나다
たのしみにする	楽しみにする	동사	기대하다
びっくりする		동사	놀라다
しごと	仕事	명사	일
かんじ	漢字	명사	한자
ドア		명사	문
おかね	お金	명사	돈
しつもん	質問	명사	질문
プサン		명사	부산

PART 26

セットの ほうが いいです

세트 쪽이 좋습니다

🔖 학습 목표

명사를 사용해서 비교 표현을 말할 수 있다.

🔖 학습 포인트

- ☑ 명사 + (의) + 쪽 = 명사 + **の** + **ほう**
- ☑ 명사 + (의) + 쪽이 좋습니다 = 명사 + **の** + **ほうが いいです**

🔖 미리보기 🎧 MP3 26-01

セット 세트 | テーブル 테이블 | ざしき(座敷) 좌식 | たんぴん(単品) 단품 | みぎ(右) 오른쪽

ひだり(左) 왼쪽 | きんえんせき(禁煙席) 금연석 | きつえんせき(喫煙席) 흡연석

こうえん(公園) 공원 | ハンバーガー 햄버거 | よりは ~보다는

01 명사와 명사의 연결

명사 + (의) + 쪽 = 명사 + **の** + **ほう**

✈️ 명사와 명사 사이에는 반드시 조사 '**の**'가 들어갑니다. '**ほう**'는 '~쪽'이라는 명사이기 때문에 명사와 함께 사용할 때는 '**の**'를 붙여 '명사**の ほう**'로 표현합니다.

테이블(의) 쪽 = **テーブルの** ほう
....

좌식(의) 쪽 = **ざしきの** ほう
....

세트(의) 쪽 = **セットの** ほう
....

단품(의) 쪽 = **たんぴんの** ほう
....

명사 + (의) + 쪽이 좋습니다 = 명사 + の + ほうが いいです

'명사のほう'에 'がいいです'를 연결하면 '명사쪽이 좋습니다'라는 비교 표현이 됩니다.

테이블(의) 쪽이 좋습니다. = **テーブルの** ほうが いいです。

좌식(의) 쪽이 좋습니다. = **ざしきの** ほうが いいです。

세트(의) 쪽이 좋습니다. = **セットの** ほうが いいです。

단품(의) 쪽이 좋습니다. = **たんぴんの** ほうが いいです。

📃 문장 구조를 반복해서 연습해 보자.

1 테이블(의) 쪽이 좋습니다.　　　　テーブルの ほうが いいです。

2 좌식(의) 쪽이 좋습니다.　　　　　ざしきの ほうが いいです。

3 세트(의) 쪽이 좋습니다.　　　　　セットの ほうが いいです。

4 단품(의) 쪽이 좋습니다.　　　　　たんぴんの ほうが いいです。

5 오른쪽이 좋습니다.　　　　　　　みぎの ほうが いいです。

6 왼쪽이 좋습니다.　　　　　　　　ひだりの ほうが いいです。

7 금연석(의) 쪽이 좋습니다.　　　　きんえんせきの ほうが いいです。

8 흡연석(의) 쪽이 좋습니다.　　　　きつえんせきの ほうが いいです。

9 공원(의) 쪽이 좋습니다.　　　　　こうえんの ほうが いいです。

10 햄버거(의) 쪽이 좋습니다.　　　　ハンバーガーの ほうが いいです。

문장 구조를 1초 만에 해석해 보자.

❶ テーブルの ほうが いいです。

❻ ひだりの ほうが いいです。

❷ ざしきの ほうが いいです。

❼ きんえんせきの ほうが いいです。

❸ セットの ほうが いいです。

❽ きつえんせきの ほうが いいです。

❹ たんぴんの ほうが いいです。

❾ こうえんの ほうが いいです。

❺ みぎの ほうが いいです。

❿ ハンバーガーの ほうが いいです。

문장 구조를 1초 만에 일본어로 말해 보자.

❶ 테이블(의) 쪽이 좋습니다.

❻ 왼쪽이 좋습니다.

❷ 좌식(의) 쪽이 좋습니다.

❼ 금연석(의) 쪽이 좋습니다.

❸ 세트(의) 쪽이 좋습니다.

❽ 흡연석(의) 쪽이 좋습니다.

❹ 단품(의) 쪽이 좋습니다.

❾ 공원(의) 쪽이 좋습니다.

❺ 오른쪽이 좋습니다.

❿ 햄버거(의) 쪽이 좋습니다.

응용하기

응용표현

명사 + 보다는 + 명사(의) 쪽이 좋습니다

= 명사 + **よりは** + 명사**の ほうが いいです**

* 명사에 '~보다는'이란 뜻의 '~よりは'를 붙여서 대상을 비교하는 표현을 만들 수 있습니다.

문장을 확장해 보자.

❶ 오른쪽보다는 왼쪽이 좋습니다.　**みぎよりは ひだりの ほうが いいです。**

❷ 왼쪽보다는 오른쪽이 좋습니다.　**ひだりよりは みぎの ほうが いいです。**

❸ 금연석보다는 흡연석 쪽이 좋습니다.　**きんえんせきよりは きつえんせきの ほうが いいです。**

❹ 흡연석보다는 금연석 쪽이 좋습니다.　**きつえんせきよりは きんえんせきの ほうが いいです。**

❺ 테이블보다는 좌식 쪽이 좋습니다.　**テーブルよりは ざしきの ほうが いいです。**

❻ 좌식보다는 테이블 쪽이 좋습니다.　**ざしきよりは テーブルの ほうが いいです。**

❼ 세트보다는 단품 쪽이 좋습니다.　**セットよりは たんぴんの ほうが いいです。**

❽ 단품보다는 세트 쪽이 좋습니다.　**たんぴんよりは セットの ほうが いいです。**

문장 구조를 1초 만에 해석해 보자.

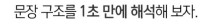

❶ みぎよりは ひだりの ほうが いいです。

❺ テーブルよりは ざしきの ほうが いいです。

❷ ひだりよりは みぎの ほうが いいです。

❻ ざしきよりは テーブルの ほうが いいです。

❸ きんえんせきよりは きつえんせきの ほうが いいです。

❼ セットよりは たんぴんの ほうが いいです。

❹ きつえんせきよりは きんえんせきの ほうが いいです。

❽ たんぴんよりは セットの ほうが いいです。

문장 구조를 1초 만에 일본어로 말해 보자.

❶ 오른쪽보다는 왼쪽이 좋습니다.

❺ 테이블보다는 좌식 쪽이 좋습니다.

❷ 왼쪽보다는 오른쪽이 좋습니다.

❻ 좌식보다는 테이블 쪽이 좋습니다.

❸ 금연석보다는 흡연석 쪽이 좋습니다.

❼ 세트보다는 단품 쪽이 좋습니다.

❹ 흡연석보다는 금연석 쪽이 좋습니다.

❽ 단품보다는 세트 쪽이 좋습니다.

햄버거 가게에서 음식 주문을 하고 있다. 🎧 MP3 26-02

점원　いらっしゃいませ。　　어서 오세요.

나　ハンバーガー ひとつ ください。　　햄버거 한 개 주세요.

점원　セットと たんぴんが ありますが……。

세트와 단품이 있습니다만…….

나　セットの ほうが いいです。　　세트 쪽이 좋습니다.

점원　はい、ハンバーガーセットですね？

네, 햄버거 세트죠?

나　はい、おねがいします。　　네, 부탁합니다.

플러스 단어

いらっしゃいませ 어서 오세요

오모시로이 니홍고

심리

심리는 한자로 心理(마음 심, 다스릴 리)라고 쓰며, 일본어로는 'しんり'라고 발음합니다. ん을
충분히 한 박자로 읽어주는 것에 유의하세요.

PART 27

たべたら どうですか？

먹는 게 어떻습니까?

💡 **학습 목표**

동사 **た**형에 가정형을 접속하여 권유, 제안 표현을 말할 수 있다.

💡 **학습 포인트**

☑ 동사 + 하면 = 동사 **た**형 + ら

☑ 동사 + 하는 게(하면) + 어떻습니까? = 동사 **た**형 + ら + どうですか？

💡 **미리보기** 🎧 MP3 27-01

まつ(待つ) 기다리다 | つくる(作る) 만들다 | やすむ(休む) 쉬다 | みる(見る) 보다 | あう(会う) 만나다

はらう(払う) 지불하다 | ならぶ(並ぶ) 줄 서다 | ねる(寝る) 자다 | かえる(帰る) 돌아가다 | いえ(家) 집

かいしゃ(会社) 회사 | いざかや(居酒屋) 선술집 | のむ(飲む) 마시다

01 │ 동작의 가정

동사 + 하면 = 동사た형 + ら

✈ 동사た형에 'ら'를 붙이면 '동사하면'이라고 동작을 가정할 수 있습니다.

기다리면 = **まったら**

만들면 = **つくったら**

쉬면 = **やすんだら**

보면 = **みたら**

동사 + 하는 게(하면) + 어떻습니까? = 동사た형 + ら + どうですか**?**

동사 가정형인 '동사たら' 뒤에 '어떻습니까?'라는 뜻의 'どうですか'를 연결하면 '동사하는 게(하면) 어떻습니까?'라는 권유나 제안 표현이 됩니다.

기다리는 게 어떻습니까? = **まったら どうですか?**

....

만드는 게 어떻습니까? = **つくったら どうですか?**

....

쉬는 게 어떻습니까? = **やすんだら どうですか?**

....

보는 게 어떻습니까? = **みたら どうですか?**

....

문장 구조를 반복해서 연습해 보자.

❶ 만나는 게 어떻습니까?　　　　　あったら どうですか?

❷ 지불하는 게 어떻습니까?　　　　はらったら どうですか?

❸ 쉬는 게 어떻습니까?　　　　　　やすんだら どうですか?

❹ 줄 서는 게 어떻습니까?　　　　ならんだら どうですか?

❺ 보는 게 어떻습니까?　　　　　　みたら どうですか?

❻ 먹는 게 어떻습니까?　　　　　　たべたら どうですか?

❼ 자는 게 어떻습니까?　　　　　　ねたら どうですか?

❽ 하는 게 어떻습니까?　　　　　　したら どうですか?

❾ 오는 게 어떻습니까?　　　　　　きたら どうですか?

❿ 돌아가는 게 어떻습니까?　　　　かえったら どうですか?

문장 구조를 1초 만에 해석해 보자.

❶ あったら どうですか？
....

❷ はらったら どうですか？
....

❸ やすんだら どうですか？
....

❹ ならんだら どうですか？
....

❺ みたら どうですか？
....

❻ たべたら どうですか？
....

❼ ねたら どうですか？
....

❽ したら どうですか？
....

❾ きたら どうですか？
....

❿ かえったら どうですか？
....

문장 구조를 1초 만에 일본어로 말해 보자.

❶ 만나는 게 어떻습니까？
....

❷ 지불하는 게 어떻습니까？
....

❸ 쉬는 게 어떻습니까？
....

❹ 줄 서는 게 어떻습니까？
....

❺ 보는 게 어떻습니까？
....

❻ 먹는 게 어떻습니까？
....

❼ 자는 게 어떻습니까？
....

❽ 하는 게 어떻습니까？
....

❾ 오는 게 어떻습니까？
....

❿ 돌아가는 게 어떻습니까？
....

응용하기 ✦

응용표현

명사 + 에서 + 동사하는 게 어떻습니까?

= 명사 + で + 동사**たら どうですか?**

* 장소를 나타내는 명사에 '~에서'란 뜻의 조사 'で'를 붙여서 특정 장소나 위치를 나타내 권유나 제안을 할 수 있습니다.

✿ **문장을 확장해 보자.**

❶ 집에서 기다리는 게 어떻습니까?   いえで まったら どうですか?

❷ 회사에서 만드는 게 어떻습니까?   かいしゃで つくったら どうですか?

❸ 선술집에서 마시는 게 어떻습니까?   いざかやで のんだら どうですか?

❹ 집에서 쉬는 게 어떻습니까?   いえで やすんだら どうですか?

❺ 회사에서 보는 게 어떻습니까?   かいしゃで みたら どうですか?

❻ 선술집에서 먹는 게 어떻습니까?   いざかやで たべたら どうですか?

❼ 집에서 자는 게 어떻습니까?   いえで ねたら どうですか?

❽ 회사에서 하는 게 어떻습니까?   かいしゃで したら どうですか?

문장 구조를 1초 만에 해석해 보자.

❶ いえで まったら どうですか?

❷ かいしゃで つくったら どうですか?

❸ いざかやで のんだら どうですか?

❹ いえで やすんだら どうですか?

❺ かいしゃで みたら どうですか?

❻ いざかやで たべたら どうですか?

❼ いえで ねたら どうですか?

❽ かいしゃで したら どうですか?

문장 구조를 1초 만에 일본어로 말해 보자.

❶ 집에서 기다리는 게 어떻습니까?

❷ 회사에서 만드는 게 어떻습니까?

❸ 선술집에서 마시는 게 어떻습니까?

❹ 집에서 쉬는 게 어떻습니까?

❺ 회사에서 보는 게 어떻습니까?

❻ 선술집에서 먹는 게 어떻습니까?

❼ 집에서 자는 게 어떻습니까?

❽ 회사에서 하는 게 어떻습니까?

기념품으로 무엇을 살지 이야기하고 있다. 🎧 MP3 27-02

메이 ユリさんは おみやげで なにを かう つもりですか？

유리 씨는 기념품으로 무엇을 살 생각입니까?

나 にほんの おちゃを かう つもりです。メイさんは？

일본 차를 살 생각입니다. 메이 씨는요?

메이 まだ、わかりません……。　아직 모르겠습니다…….

나 にほんの おさけを かったら

どうですか？　일본 술을 사는 게 어떻습니까？

메이 それも いいですね。　그것도 좋겠네요.

플러스 단어

おみやげ(お土産) 기념품 **｜ おちゃ(お茶)** 차 **｜ おさけ(お酒)** 술

오모시로이 니홍고

단기

단기는 한자로 短期(짧을 단, 기약할 기)라고 쓰며, 일본어로는 'たんき'라고 발음합니다. 탁음이 아니라 청음인 것과 ん을 충분히 한 박자로 읽어주는 것에 유의하세요.

PART 28

たべたり のんだり します

먹거나 마시거나 합니다

 학습 목표

동사 た형을 사용해서 나열 표현을 말할 수 있다.

 학습 포인트

☑ 동사 + 하거나 = 동사 た형 + り

☑ 동사 + 하거나 + 합니다 = 동사 た형 + り + します

☑ 동사 + 하거나 + 동사 + 하거나 + 합니다 = 동사 た형 + り + 동사 た형 + り + します

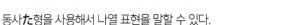 **미리보기** 🎧 MP3 28-01

のむ(飲む) 마시다 | かう(買う) 사다 | つくる(作る) 만들다 | しゃべる 수다 떨다

かえる(帰る) 돌아가다 | きる(切る) 자르다 | たつ(立つ) 일어서다 | やすむ(休む) 쉬다 | いく(行く) 가다

くる(来る) 오다 | あう(会う) 만나다 | べんとう(弁当) 도시락 | おちゃ(お茶) 차 | なに(何) 무엇

01 동사의 나열

동사 + 하거나 = 동사た형 + り

 동사た형에 'り'를 연결하면 '동사하거나'라고 동사를 나열할 수 있습니다.

사거나 = かったり

마시거나 = のんだり

02 동사의 나열 표현

동사 + 하거나 + 합니다 = 동사た형 + り + します

 '동사たり'에 'します'를 연결하면 '동사하거나 합니다'라는 나열하는 문장이 됩니다.

사거나 합니다. = かったり します。

마시거나 합니다. = のんだり します。

03 | 보다 긴 동사의 나열 표현

동사 + 하거나 + 동사 + 하거나 + 합니다
= 동사た형 + り + 동사た형 + り + します

✈ '동사たり'에 '동사たり+します'를 연결하면 '동사하거나 동사하거나 합니다'라는 나열하는 문장이 됩니다.

사거나 만들거나 합니다. = かったり つくったり します。

마시거나 수다 떨거나 합니다. = のんだり しゃべったり します。

문장 구조를 반복해서 연습해 보자.

❶ 돌아가거나 합니다.　　　　　　　かえったり します。

❷ 자르거나 합니다.　　　　　　　　きったり します。

❸ 일어서거나 합니다.　　　　　　　たったり します。

❹ 쉬거나 합니다.　　　　　　　　　やすんだり します。

❺ 먹거나 합니다.　　　　　　　　　たべたり します。

❻ 가거나 오거나(왔다 갔다) 합니다.　いったり きたり します。

❼ 먹거나 마시거나 합니다.　　　　　たべたり のんだり します。

❽ 만나거나 쉬거나 합니다.　　　　　あったり やすんだり します。

❾ 사거나 만들거나 합니다.　　　　　かったり つくったり します。

❿ 마시거나 수다 떨거나 합니다.　　　のんだり しゃべったり します。

문장 구조를 1초 만에 해석해 보자.

❶ かえったり します。

❷ きったり します。

❸ たったり します。

❹ やすんだり します。

❺ たべたり します。

❻ いったり きたり します。

❼ たべたり のんだり します。

❽ あったり やすんだり します。

❾ かったり つくったり します。

❿ のんだり しゃべったり します。

문장 구조를 1초 만에 일본어로 말해 보자.

❶ 돌아가거나 합니다.

❷ 자르거나 합니다.

❸ 일어서거나 합니다.

❹ 쉬거나 합니다.

❺ 먹거나 합니다.

❻ 가거나 오거나(왔다 갔다) 합니다.

❼ 먹거나 마시거나 합니다.

❽ 만나거나 쉬거나 합니다.

❾ 사거나 만들거나 합니다.

❿ 마시거나 수다 떨거나 합니다.

응용표현

명사 + 을(를) + 동사하거나 동사하거나 합니다

= 명사 + を + 동사**たり** 동사**たりします**

* 무엇을 동사하거나 동사하는지 '명사를'를 사용해서 구체적으로 말할 수 있습니다.

문장을 확장해 보자.

❶ 도시락을 사거나 만들거나 합니다.　　　べんとうを かったり つくったり します。

❷ 차를 마시거나 수다 떨거나 합니다.　　　おちゃを のんだり しゃべったり します。

❸ 무엇을 먹거나 마시거나 합니까?　　　なにを たべたり のんだり しますか?

❹ 도시락을 먹거나 쉬거나 합니다.　　　べんとうを たべたり やすんだり します。

❺ 차를 마시거나 쉬거나 합니다.　　　おちゃを のんだり やすんだり します。

❻ 무엇을 사거나 만들거나 합니까?　　　なにを かったり つくったり しますか?

❼ 도시락을 사거나 먹거나 합니다.　　　べんとうを かったり たべたり します。

❽ 무엇을 마시거나 수다 떨거나 합니까?　　なにを のんだり しゃべったり しますか?

문장 구조를 1초 만에 해석해 보자.

❶ べんとうを かったり つくったり します。

❺ おちゃを のんだり やすんだり します。

❷ おちゃを のんだり しゃべったり します。

❻ なにを かったり つくったり しますか?

❸ なにを たべたり のんだり しますか?

❼ べんとうを かったり たべたり します。

❹ べんとうを たべたり やすんだり します。

❽ なにを のんだり しゃべったり しますか?

문장 구조를 1초 만에 일본어로 말해 보자.

❶ 도시락을 사거나 만들거나 합니다.

❺ 차를 마시거나 쉬거나 합니다.

❷ 차를 마시거나 수다 떨거나 합니다.

❻ 무엇을 사거나 만들거나 합니까?

❸ 무엇을 먹거나 마시거나 합니까?

❼ 도시락을 사거나 먹거나 합니다.

❹ 도시락을 먹거나 쉬거나 합니다.

❽ 무엇을 마시거나 수다 떨거나 합니까?

내일 무엇을 할지 이야기하고 있다. 🎧 MP3 28-02

진　あしたは なにを しますか？

내일은 무엇을 할 것입니까?

나　ショッピングしたり、しゃしんを とったり します。

쇼핑하거나 사진을 찍거나 할 것입니다.

진　なにを かいますか？ 무엇을 살 것입니까?

나　にほんの おちゃを かったり

　にほんの おさけを かいます。

일본 차를 사거나 일본 술을 살 것입니다.

플러스 단어

ショッピング 쇼핑

오모시로이 니홍고

과거

과거는 한자로 過去(지날 과, 갈 거)라고 쓰며, 일본어로는 '카코'라고 발음합니다. 촉음이나 장음이 들어가지 않았기 때문에 짧게 읽어주는 것에 유의하세요.

PART 29

たべたばかりです
방금 막 먹었습니다

학습 목표

동사 **た**형을 사용해서 완료 표현을 말할 수 있다.

학습 포인트

☑ 방금 막 동사 + 한 참 = 동사 **た**형 + **ばかり**

☑ 방금 막 동사 + 했습니다 = 동사 **た**형 + **ばかりです**

미리보기 🎧 MP3 29-01

かう(買う) 사다 | つくる(作る) 만들다 | あそぶ(遊ぶ) 놀다 | みる(見る) 보다 | あう(会う) 만나다

すわる(座る) 앉다 | しぬ(死ぬ) 죽다 | はいる(入る) 들어가다 | きる(切る) 자르다

これこそ 이것이야말로 | せんたくする(洗濯する) 빨래하다 | はなす(話す) 이야기하다

01 동사의 완료

방금 막 동사 + 한 참 = 동사た형 + ばかり

✈ 동사た형에 'ばかり'를 연결하면 '방금 막 동사한 참'이라는 표현이 됩니다.

방금 막 산 참 = **かったばかり**

방금 막 만든 참 = **つくったばかり**

방금 막 논 참 = **あそんだばかり**

방금 막 본 참 = **みたばかり**

방금 막 동사 + 했습니다 = 동사た형 + ばかりです

동사た형에 'ばかりです'를 연결하면 '방금 막 동사했습니다'라는 완료 표현이 됩니다.

방금 막 샀습니다. = **かったばかりです。**

방금 막 만들었습니다. = **つくったばかりです。**

방금 막 놀았습니다. = **あそんだばかりです。**

방금 막 봤습니다. = **みたばかりです。**

문장 구조를 반복해서 연습해 보자.

❶ 방금 막 만났습니다.   あったばかりです。

❷ 방금 막 앉았습니다.   すわったばかりです。

❸ 방금 막 죽었습니다.   しんだばかりです。

❹ 방금 막 놀았습니다.   あそんだばかりです。

❺ 방금 막 봤습니다.   みたばかりです。

❻ 방금 막 먹었습니다.   たべたばかりです。

❼ 방금 막 했습니다.   したばかりです。

❽ 방금 막 왔습니다.   きたばかりです。

❾ 방금 막 들어갔습니다.   はいったばかりです。

❿ 방금 막 잘랐습니다.   きったばかりです。

문장 구조를 1초 만에 해석해 보자.

❶ あったばかりです。
....

❷ すわったばかりです。
....

❸ しんだばかりです。
....

❹ あそんだばかりです。
....

❺ みたばかりです。
....

❻ たべたばかりです。
....

❼ したばかりです。
....

❽ きたばかりです。
....

❾ はいったばかりです。
....

❿ きったばかりです。
....

문장 구조를 1초 만에 일본어로 말해 보자.

❶ 방금 막 만났습니다.
....

❷ 방금 막 앉았습니다.
....

❸ 방금 막 죽었습니다.
....

❹ 방금 막 놀았습니다.
....

❺ 방금 막 봤습니다.
....

❻ 방금 막 먹었습니다.
....

❼ 방금 막 했습니다.
....

❽ 방금 막 왔습니다.
....

❾ 방금 막 들어갔습니다.
....

❿ 방금 막 잘랐습니다.
....

응용표현

이것이야말로 + 동사한 지 얼마 되지 않았습니다

= これこそ + 동사 **たばかりです**

* '이것'이라는 뜻의 'これ'에 'こそ'를 붙이면 '이것이야말로'라는 뜻이 됩니다. 'これこそ'에 '동사たばかりです'를
  연결하면 '이것이야말로 동사한 지 얼마 되지 않았습니다'란 표현이 됩니다.

 문장을 확장해 보자.

❶ 이것이야말로 산 지 얼마 되지 않았습니다.　　　　これこそ かったばかりです。

❷ 이것이야말로 만든 지 얼마 되지 않았습니다.　　　これこそ つくったばかりです。

❸ 이것이야말로 빨래한 지 얼마 되지 않았습니다.　　これこそ せんたくしたばかりです。

❹ 이것이야말로 본 지 얼마 되지 않았습니다.　　　　これこそ みたばかりです。

❺ 이것이야말로 먹은 지 얼마 되지 않았습니다.　　　これこそ たべたばかりです。

❻ 이것이야말로 한 지 얼마 되지 않았습니다.　　　　これこそ したばかりです。

❼ 이것이야말로 마신 지 얼마 되지 않았습니다.　　　これこそ のんだばかりです。

❽ 이것이야말로 이야기한 지 얼마 되지 않았습니다.　これこそ はなしたばかりです。

문장 구조를 1초 만에 해석해 보자.

❶ これこそ かったばかりです。
....

❷ これこそ つくったばかりです。
....

❸ これこそ せんたくしたばかりです。
....

❹ これこそ みたばかりです。
....

❺ これこそ たべたばかりです。
....

❻ これこそ したばかりです。
....

❼ これこそ のんだばかりです。
....

❽ これこそ はなしたばかりです。
....

문장 구조를 1초 만에 일본어로 말해 보자.

❶ 이것이야말로 산 지 얼마 되지 않았습니다.
....

❷ 이것이야말로 만든 지 얼마 되지 않았습니다.
....

❸ 이것이야말로 빨래한 지 얼마 되지 않았습니다.
....

❹ 이것이야말로 본 지 얼마 되지 않았습니다.
....

❺ 이것이야말로 먹은 지 얼마 되지 않았습니다.
....

❻ 이것이야말로 한 지 얼마 되지 않았습니다
....

❼ 이것이야말로 마신 지 얼마 되지 않았습니다.
....

❽ 이것이야말로 이야기한 지 얼마 되지 않았습니다.
....

말해보기

방금 막 무엇을 하였는지 이야기하고 있다.  MP3 29-02

료 **ユリさんも いっしょに コーヒーを のみませんか？**

유리 씨도 함께 커피를 마시지 않겠습니까?

나 **ありがとうございます。でも、コーヒーを のんだばかりです。**

고맙습니다. 근데, 방금 막 커피를 마셨습니다.

료 **あ、そうですか？ それなら、**
ジュースは どうですか？

아, 그렇습니까? 그렇다면, 주스는 어떻습니까?

나 **あ、ジュースは のみたいです。**

아, 주스는 마시고 싶습니다.

플러스 단어

いっしょに(一緒に) 함께 | **でも** 근데 | **それなら** 그렇다면 | **ジュース** 주스

오모시로이 니홍고

주의

주의는 한자로 注意(부을 주, 뜻 의)라고 쓰며, 일본어로는 'ちゅうい'라고 발음합니다. ちゅう라고 길게 장음으로 읽는 것에 유의하세요.

PART 30

どこで かったほうが いいですか？

어디에서 사는 편이 좋습니까?

💡 학습 목표

의문사를 접속하여 동사 **た**형에 활용할 수 있는 의문문을 다양하게 만들 수 있다.

💡 학습 포인트

- 🗒 어디에서/누구와 ~까? = **どこで/だれと** + **か**?
- 🗒 무엇을/어째서 ~까? = **なにを/どうして** + **か**?

💡 미리보기 🎧 MP3 30-01

かう(買う)사다 | のむ(飲む)마시다 | たべる(食べる)먹다 | いく(行く)가다

よやくする(予約する)예약하다 | では ~에서는

살펴보기 🔍

01 '어디에서'와 '누구와'를 사용한 의문문

어디에서 ~까? = どこで + か?

누구와 ~까? = だれと + か?

✈ 장소를 묻는 의문사 'どこで', 인물을 묻는 의문사 'だれと'를 사용하여 의문문을 만들 수 있습니다.

어디에서 사는 편이 좋습니까? = どこで かったほうが いいですか?

어디에서 마시는 편이 좋습니까? = どこで のんだほうが いいですか?

누구와 먹은 적이 있습니까? = だれと たべたことが ありますか?

누구와 간 적이 있습니까? = だれと いったことが ありますか?

무엇을 ~까? = なにを + か?

어째서 ~까? = どうして + か?

대상을 묻는 의문사 'なにを', 이유를 묻는 의문사 'どうして'를 사용하여 의문문을 만들 수 있습니다.

무엇을 먹거나 마시거나 합니까? = なにを たべたり のんだり しますか?
....

무엇을 사거나 만들거나 합니까? = なにを かったり つくったり しますか?
....

어째서 예약하는 편이 좋습니까? = どうして よやくしたほうが いいですか?
....

어째서 가는 편이 좋습니까? = どうして いったほうが いいですか?
....

문장 구조를 반복해서 연습해 보자.

❶ 어디에서 사는 편이 좋습니까?   どこで かったほうが いいですか？

❷ 누구와 먹은 적이 있습니까?   だれと たべたことが ありますか？

❸ 무엇을 먹거나 마시거나 합니까?   なにを たべたり のんだり しますか？

❹ 어째서 예약하는 편이 좋습니까?   どうして よやくしたほうが いいですか？

❺ 어디에서 먹거나 마시거나 합니까?   どこで たべたり のんだり しますか？

❻ 누구와 가는 편이 좋습니까?   だれと いったほうが いいですか？

❼ 무엇을 먹은 적이 있습니까?   なにを たべたことが ありますか？

❽ 어째서 사는 편이 좋습니까?   どうして かったほうが いいですか？

❾ 어디에서 마신 적이 있습니까?   どこで のんだことが ありますか？

❿ 누구와 간 적이 있습니까?   だれと いったことが ありますか？

문장 구조를 1초 만에 해석해 보자.

❶ どこで かったほうが いいですか?

❷ だれと たべたことが ありますか?

❸ なにを たべたり のんだり しますか?

❹ どうして よやくしたほうが いいですか?

❺ どこで たべたり のんだり しますか?

❻ だれと いったほうが いいですか?

❼ なにを たべたことが ありますか?

❽ どうして かったほうが いいですか?

❾ どこで のんだことが ありますか?

❿ だれと いったことが ありますか?

 문장 구조를 1초 만에 일본어로 말해 보자.

❶ 어디에서 사는 편이 좋습니까?

❷ 누구와 먹은 적이 있습니까?

❸ 무엇을 먹거나 마시거나 합니까?

❹ 어째서 예약하는 편이 좋습니까?

❺ 어디에서 먹거나 마시거나 합니까?

❻ 누구와 가는 편이 좋습니까?

❼ 무엇을 먹은 적이 있습니까?

❽ 어째서 사는 편이 좋습니까?

❾ 어디에서 마신 적이 있습니까?

❿ 누구와 간 적이 있습니까?

응용표현

명사 + 에서는 + 어디에서/누구와/무엇을/어째서 ~까?

= 명사 + **では** + **どこで/だれと/なにを/どうして + か?**

* 장소를 나타내는 명사에 '~에서는'이라는 'では'를 붙이면 '명사에서는'이 됩니다. 여기에 의문사를 사용한
  의문문을 연결하여 질문을 할 수 있습니다.

❄ **문장을 확장해 보자.**

❶ 일본에서는 어디에서 사는 편이 좋습니까?　　**にほんではどこでかったほうがいいですか?**

- -

❷ 일본에서는 누구와 먹은 적이 있습니까?　　**にほんではだれとたべたことがありますか?**

- -

❸ 일본에서는 무엇을 먹거나 마시거나 합니까?　**にほんではなにをたべたりのんだりしますか?**

- -

❹ 일본에서는 어째서 예약하는 편이 좋습니까?　**にほんではどうしてよやくしたほうがいいですか?**

- -

❺ 일본에서는 누구와 먹거나 마시거나 합니까?　**にほんではだれとたべたりのんだりしますか?**

- -

❻ 일본에서는 무엇을 사는 편이 좋습니까?　　**にほんでは なにを かったほうが いいですか?**

- -

❼ 일본에서는 어디에서 먹은 적이 있습니까?　　**にほんでは どこで たべたことが ありますか?**

- -

❽ 일본에서는 어째서 먹거나 마시거나 합니까?　**にほんではどうしてたべたりのんだりしますか?**

- -

문장 구조를 1초 만에 해석해 보자.

① にほんでは どこで かったほうが いいですか?
....

② にほんでは だれと たべたことが ありますか?
....

③ にほんでは なにを たべたりのんだりしますか?
....

④ にほんでは どうして よやくしたほうが いいですか?
....

⑤ にほんでは だれと たべたりのんだりしますか?
....

⑥ にほんでは なにを かったほうが いいですか?
....

⑦ にほんでは どこで たべたことが ありますか?
....

⑧ にほんでは どうして たべたりのんだりしますか?
....

문장 구조를 1초 만에 일본어로 말해 보자.

① 일본에서는 어디에서 사는 편이 좋습니까?
....

② 일본에서는 누구와 먹은 적이 있습니까?
....

③ 일본에서는 무엇을 먹거나 마시거나 합니까?
....

④ 일본에서는 어째서 예약하는 편이 좋습니까?
....

⑤ 일본에서는 누구와 먹거나 마시거나 합니까?
....

⑥ 일본에서는 무엇을 사는 편이 좋습니까?
....

⑦ 일본에서는 어디에서 먹은 적이 있습니까?
....

⑧ 일본에서는 어째서 먹거나 마시거나 합니까?
....

김치는 어디에서 사면 좋은지 마오에게 물어보고 있다. 🎧 MP3 30-02

마오 かんこくでは 김치(キムチ)を どこで かったほうが いいですか？

한국에서는 김치를 어디에서 사는 편이 좋습니까?

나 スーパーで かったほうが いいですよ。ちゅうごくは どうですか？

슈퍼마켓에서 사는 편이 좋아요. 중국은 어떻습니까?

마오 ちゅうごくでは デパートで かったほうが おいしいです。

중국에서는 백화점에서 사는 편이 맛있습니다.

나 たかく ありませんか？ 비싸지 않습니까？

마오 すこし たかいですが、おいしいですよ。

조금 비쌉니다만 맛있어요.

플러스 단어

キムチ 김치 ｜ **スーパー** 슈퍼마켓 ｜ **ちゅうごく(中国)** 중국 ｜ **すこし(少し)** 조금

오모시로이 니홍고

스모

스모는 우리나라의 씨름과 비슷한 일본의 전통 스포츠입니다. '도효'라고 하는 둥근 씨름판 위에서 씨름꾼인 '리키시'가 서로 힘을 겨루는데, 시합을 시작하기 전에 '시코'라고 하는 양쪽 다리를 번갈아 올렸다가 내리는 독특한 행위를 합니다. 이 리키시들은 보양식으로 '창코나베'라고 하는 전골 요리를 즐겨 먹습니다.

PART 26에서 PART 30까지 배웠던 문형을 복습해 봅시다.

PART 26 セットの ほうが いいです

- 명사 + (의) + 쪽 = 명사 + **の** + **ほう**

- 명사 + (의) + 쪽이 좋습니다 = 명사 + **の** + **ほうが いいです**

PART 27 たべたらどうですか?

- 동사 + 하면 = 동사た형 + **ら**

- 동사 + 하는 게(하면) + 어떻습니까? = 동사た형 + **ら** + **どうですか?**

PART 28 たべたりのんだりします

- 동사 + 하거나 = 동사た형 + **り**

- 동사 + 하거나 + 합니다 = 동사た형 + **り** + **します**

- 동사 + 하거나 + 동사 + 하거나 + 합니다 = 동사た형 + **り** + 동사た형 + **り** + **します**

PART 29 たべたばかりです

- 방금 막 동사 + 한참 = 동사た형 + **ばかり**

- 방금 막 동사 + 했습니다 = 동사た형 + **ばかりです**

PART 30 どこでかったほうがいいですか?

- 어디에서/누구와 ~까? = **どこで/だれと** + **か?**

- 무엇을/어째서 ~까? = **なにを/どうして** + **か?**

앞에서 배웠던 문형에 추가 단어들을 적용해 연습해 봅시다.

읽는 법	한자	품사	뜻
きんえんせき	禁煙席	명사	금연석
きつえんせき	喫煙席	명사	흡연석
まどがわ	窓側	명사	창가
ノートパソコン		명사	노트북
コンピューター		명사	컴퓨터
スマホ		명사	스마트폰
とりにく	鶏肉	명사	닭고기
ぎゅうにく	牛肉	명사	소고기
ぶたにく	豚肉	명사	돼지고기
ひがえり	日帰り	명사	당일치기

읽는 법	한자	품사	뜻
かいがいりょこう	海外旅行	명사	해외여행
こくないりょこう	国内旅行	명사	국내여행
はしる	走る	동사	달리다
きがえる	着替える	동사	갈아입다
しごと	仕事	명사	일
えき	駅	명사	역
ちゅうしゃを うつ	注射を 打つ	동사	주사를 놓다
どくしょする	読書する	동사	독서하다
がくしょく	学食	명사	학생식당
おべんとう	お弁当	명사	도시락

읽는 법	한자	품사	뜻
ちこくする	遅刻する	동사	지각하다
しょくどう	食堂	명사	식당
つくりかた	作り方	명사	만드는 법
くふうする	工夫する	동사	궁리하다
けしょうを なおす	化粧を 直す	동사	화장을 고치다
プサン		명사	부산
れんしゅうする	練習する	동사	연습하다
いれる	入れる	동사	넣다

부록

월·일
요일·시간 표현
기간 표현
때의 표현

* '월(月)'은 'がつ'라고 읽습니다. 4월, 7월, 9월은 읽는 방법이 조금 다르니 주의해야 합니다.

1월	2월	3월	4월
いちがつ(1月)	にがつ(2月)	さんがつ(3月)	しがつ(4月)
5월	6월	7월	8월
ごがつ(5月)	ろくがつ(6月)	しちがつ(7月)	はちがつ(8月)
9월	10월	11월	12월
くがつ(9月)	じゅうがつ(10月)	じゅういちがつ(11月)	じゅうにがつ(12月)

* '일(日)'은 보통 'にち'로 읽지만 1일~10일, 그리고 몇몇의 경우에서 고유어로 읽는 경우가 있으니 주의해야 합니다.

1일	2일	3일	4일	5일
ついたち(1日)	ふつか(2日)	みっか(3日)	よっか(4日)	いつか(5日)
6일	7일	8일	9일	10일
むいか(6日)	なのか(7日)	ようか(8日)	ここのか(9日)	とおか(10日)
11일	12일	13일	14일	15일
じゅういちにち(11日)	じゅうににち(12日)	じゅうさんにち(13日)	じゅうよっか(14日)	じゅうごにち(15日)
16일	17일	18일	19일	20일
じゅうろくにち(16日)	じゅうななにち(17日)	じゅうはちにち(18日)	じゅうくにち(19日)	はつか(20日)
21일	22일	23일	24일	25일
にじゅういちにち(21日)	にじゅうににち(22日)	にじゅうさんにち(23日)	にじゅうよっか(24日)	にじゅうごにち(25日)
26일	27일	28일	29일	30일
にじゅうろくにち(26日)	にじゅうななにち(27日)	にじゅうはちにち(28日)	にじゅうくにち(29日)	さんじゅうにち(30日)
31일				
さんじゅういちにち(31日)				

* '요일(曜日)'은 'ようび'라고 읽습니다.

요일	읽는 법
월요일	げつようび(月曜日)
화요일	かようび(火曜日)
수요일	すいようび(水曜日)
목요일	もくようび(木曜日)
금요일	きんようび(金曜日)
토요일	どようび(土曜日)
일요일	にちようび(日曜日)

시간 표현

* '시(時)'는 'じ'라고 읽습니다. 4시, 7시, 9시는 읽는 방법이 조금 다르니 주의해야 합니다.

1시	2시	3시	4시	5시	6시
いちじ(1時)	にじ(2時)	さんじ(3時)	よじ(4時)	ごじ(5時)	ろくじ(6時)

7시	8시	9시	10시	11시	12시
しちじ(7時)	はちじ(8時)	くじ(9時)	じゅうじ (10時)	じゅういちじ (11時)	じゅうにじ (12時)

* '분(分)'은 보통 'ふん'이라고 읽지만 앞의 발음에 따라 'ぷん'이라고 읽기도 합니다.

1분	2분	3분	4분	5분
いっぷん(1分)	にふん(2分)	さんぷん(3分)	よんぷん(4分)	ごふん(5分)

6분	7분	8분	9분	10분
ろっぷん(6分)	ななふん(7分)	はっぷん(8分)	きゅうふん(9分)	じゅっぷん・じっぷん(10分)

기간 표현

* '시간(時間)'은 'じかん', '주간(週間)'은 'しゅうかん', '개월(ヶ月)'은 'かげつ'라고 읽습니다.

시간(じかん・時間)	주간(しゅうかん・週間)	개월(かげつ・ヶ月)
1시간	1주일간	1개월
いちじかん(1時間)	いっしゅうかん(1週間)	いっかげつ(1ヶ月)
2시간	2주일간	2개월
にじかん(2時間)	にしゅうかん(2週間)	にかげつ(2ヶ月)
3시간	3주일간	3개월
さんじかん(3時間)	さんしゅうかん(3週間)	さんかげつ(3ヶ月)
4시간	4주일간	4개월
よじかん(4時間)	よんしゅうかん(4週間)	よんかげつ(4ヶ月)
5시간	5주일간	5개월
ごじかん(5時間)	ごしゅうかん(5週間)	ごかげつ(5ヶ月)
6시간	6주일간	6개월
ろくじかん(6時間)	ろっしゅうかん・ろくしゅうかん(6週間)	ろっかげつ(6ヶ月)
7시간	7주일간	7개월
しち・ななじかん(7時間)	ななしゅうかん(7週間)	ななかげつ(7ヶ月)
8시간	8주일간	8개월
はちじかん(8時間)	はっしゅうかん・はちしゅうかん(8週間)	はっかげつ・はちかげつ(8ヶ月)
9시간	9주일간	9개월
くじかん(9時間)	きゅうしゅうかん(9週間)	きゅうかげつ(9ヶ月)
10시간	10주일간	10개월
じゅうじかん(10時間)	じゅっしゅうかん・じっしゅうかん(10週間)	じゅっかげつ・じっかげつ(10ヶ月)

280 | 한권 한달 완성 일본어 말하기 Lv.2

* 일, 주, 월, 년에 따른 때의 표현을 읽는 방법은 아래와 같습니다.

		일		주
과거	그저께	おととい(一昨日)	지지난 주	せんせんしゅう(先々週)
	어제	きのう(昨日)	지난주	せんしゅう(先週)
현재	오늘	きょう(今日)	이번 주	こんしゅう(今週)
미래	내일	あした(明日)	다음 주	らいしゅう(来週)
	모레	あさって(明後日)	다음다음 주	さらいしゅう(再来週)
매번	매일	まいにち(毎日)	매주	まいしゅう(毎週)

		월		년
과거	지지난달	せんせんげつ(先々月)	재작년	おととし(一昨年)
	지난달	せんげつ(先月)	작년	きょねん(去年)・ さくねん(昨年)
현재	이번 달	こんげつ(今月)	올해	ことし(今年)
미래	다음 달	らいげつ(来月)	내년	らいねん(来年)
	다음다음 달	さらいげつ(再来月)	내후년	さらいねん(再来年)
매번	매달	まいげつ・まいつき (毎月)	매년	まいねん・まいとし (毎年)